REFLEXIONES

LA BIENAVENTURANZA DE VOLVER EN SI

ALEXIS TAVERAS

© PRIMERA EDICIÓN 2019

REFLEXIONES

La bienaventuranza de volver en sí. Por Alexis Taveras

Reservado todos los derechos Primera Edición 2019, USA.

Publicado por el Ministerio

ISBN: 978-0-578-54082-5

Publisher: Baute Production

Bauteproduction.webs.com

Tel. (813) 693-8879

Tampa, Florida 2019

Al menos que se muestre lo contrario, Todas las citas bíblicas fueron tomadas de la versión Reina Valera 1960 y 1995, Biblia de Las Américas, Nueva Versión Internacional, Dios Habla Hoy, Versión moderna y algunos comentarios narrados fueron sacados del Web Site.

Pastor Alexis Taveras Escritor y Conferencista Internacional

Colaboración especial Alexis Angulo y Yesenia Avila de Angulo

Contactos:

Facebook: www.facebook.com/ingrid.taveras.90

WhatsApp: 626-230-0182

Email: ataveras@fuller.edu

Categoría: Ética de vida cristiana y Motivacional

**Y volviendo en sí, dijo:
¡Cuántos jornaleros en casa de mi
padre tienen abundancia de pan, y
yo aquí perezco de hambre!**
Lucas 15:17

Contenido

Capítulo

DEDICATORIA

Dedico este libro a mi familia, quienes son mi soporte principal: Mi esposa Ingrid y a mi hijo Matthew. A mis padres: Ligia y Rafael. De ustedes cuatro es este logro también.

A mi familia extendida de la Iglesia de Dios de la Profecía en Rosemead, y de toda esta hermosa organización a nivel mundial.

Finalmente, quisiera dedicar este mi primer libro, a un grupo de hombres y mujeres que tienen mucho que ver con lo que soy hoy. A los que me evangelizaron: Arturo Cabrera y Thomas Jarvis. A los que me formaron en el Señor: Pedro Julio Mateo, Pas. Dominica González, Ob. José Lluberes y Dr. Otilio Jiménez. A mis supervisores nacionales en Rep. Dominicana: Ob. Juan Valera, Ob. Félix Santiago y Ob. Jorge Marrero. A mi mentor de toda la vida: Dr. Elías Rodríguez. Y a los que han sido mis líderes durante estos trece años de ministerio en Estados Unidos: Ob. José y Diana García y Dr. Phillips y Diana Pruitt.

AGRADECIMIENTOS

Quisiera agradecer primero a Dios, por darme la vida y la salud para poner en palabras muchas cosas que estaban en mi corazón y estoy convencido que en el corazón de El también.

Después, agradezco a mi esposa Ingrid Taveras, a la cual le quité mucho tiempo para pasarlo en meditación y frente a una computadora escribiendo estas páginas. Junto a ella, mi niño Matthew Taveras también. Mi agradecimiento profundo a mis padres Ligia y Rafael Parra, por apoyarme siempre. En el caso de mi madre, desde niño todo el tiempo impulsándome hacia los estudios.

Gracias a la Iglesia de Dios de la Profecía en Rosemead, por su apoyo en varias áreas, de tal manera que hoy tengamos este material a la mano. Gracias a mis profesores del Seminario Fuller, quienes me mostraron un camino excelente en muchos de estos temas tratados aquí.

PROLOGO

Hay hombres cuyas palabras son como golpes de espada; Mas la lengua de los sabios es medicina. **Proverbios 12:18.**

Doy gracias al Todopoderoso por la maravillosa oportunidad que me ha dado de leer estos poderosos escritos, ciertamente como bien dice este proverbio, la lengua de los sabios es medicina. El pastor Alexis Taveras trae una extraordinaria medicina, un bálsamo para sanar las tantas heridas del alma. Indudablemente la palabra de Dios es la medicina para nuestra alma angustiada y entristecida, porque cuando la leemos o la escuchamos siempre nos conforta, dándonos la esperanza que necesitamos para no desmayar.

Todo lo que necesitamos está en la Palabra del Eterno, para que entendamos que, desde antes de la formación del mundo, Dios ya sabía de nuestros padecimientos y luchas que tendríamos. Por eso la dejó escrita, para que nos refugiemos en ella y nos fortalezcamos. Por tanto, debemos leer uno o más versículos todos los días; reflexionar en lo que nos transmiten, para que nuestro espíritu se contradiga a sí mismo y se libere de los temores que muchas veces nos arropan, producto de las situaciones adversas que suelen envolvernos, y que sepamos hacerle la guerra que está librando el alma con la palabra de Dios.

Este libro de Reflexiones, viene a ministrarnos con la palabra de poder, esas palabras que Dios ha puesto en el corazón del autor, las cuales, siendo reveladas de manera estupendas, para que las podamos entender mejor, romperá con las debilidades que como seres humanos tenemos. Levantémonos para dominar el alma que bloquea la fe. Esta es una lucha tenaz, pero que de seguro ganaremos, porque su Palabra no retornará vacía, el día menos pensado se cumplirá en nosotros las determinaciones del Padre Celestial:

Porque yo sé los pensamientos que tengo acerca de vosotros, dice Jehová, pensamientos de paz, y no de mal, para daros el fin que esperáis. **Jeremías 29:11.**

Reflexionar te lleva a entender que hay algo mejor, que en la casa de tu Padre hay provisión, que allí está todo lo que tú necesitas, sin tener que buscar las migajas que ofrece el mundo. El hijo prodigo es un fiel ejemplo de esto, como su amado padre creía en él, su historia nos revela que el padre lo instruyó, le enseñó lo correcto, le dio palabras   de bendición la cual el hijo pudo abrigar en su corazón, independientemente de aquel proceso que vivió.

Eso se evidencia cuando estando allí abrumado por la circunstancia adversa que le sobrevino, vemos que el término aquí empleado de volver en sí, no fue más que reflexionar en las tantas palabras que su padre le había dado; y por ellas pudo reaccionar, esas palabras estaban ancladas en su corazón; volver en si es sinónimo de reflexión, de recapacitar, que el hijo prodigo haya dicho en su reflexión interna: Padre, he pecado contra el cielo y contra ti… Es allí donde creo que les llegaron a la mente y corazón aquellas enseñanzas que su padre un día le había dado, fue él quien le inculcó los valores del reino, las normas de convivencia social, los valores y llegaba el momento de volver a ellos, gracias a una bienaventuranza de volver en sí, de reflexionar.

Es lo que está haciendo el Pastor Alexis Taveras, nos imparte unas enseñanzas poderosas, esplendidas y extraordinarias. La manera pintoresca y profesional en la que emite sus criterios es de considerar, y lo más importante, de manera exhaustiva conecta sus opiniones con la Sagrada Escritura, siendo esta la fuente fidedigna que lo ha llevado a exponer este libro. El autor presenta un diseño practico, un método que a cualquiera le anima a leer, siete capítulos para ser leídos en siete semanas, para que no haya excusa que valga, cada capítulo posee cuarenta reflexiones interesantísimas, casi todas detalladas en consonancia bíblica y con análisis investigativos de diversas fuentes de buena reputación.

Una de las frases reflexivas que mucho me ministra, de la cual hace uso el autor, es la de **Proverbios 15:31**, que expresa lo siguiente: *El oído que escucha las amonestaciones de la vida, entre los sabios morará.*

Esto nos indica que el oído que escucha la reflexiones de su alma y corazón, producto de las mismas experiencias que nos transmite la vida, ha de morar con sabios, es de allí que sale el famoso dicho: El experimentado en quebranto es una persona de experiencia, un experto en resolver problemas, un profesional de la vida. O sea, el hombre y mujer que pasan por sus diversos procesos alcanzan una madurez digna de imitar.

Te invito a que acojas los consejos de nuestro querido autor, que puedas asumir el desafío de leer este libro en siete semanas, que le dediques una semana a cada capítulo, que lo leas en

familia, con algún compañero, con algún amigo, pues el número 7 concentra en si una gran bendición. Significa aquello que es o llegará a ser perfecto y pleno. Por ejemplo, Dios dijo a los israelitas que caminaran alrededor de Jericó durante 7 días seguidos, y una vez hecho esto le dieran 7 vueltas. También podemos verlo cuando Pedro le pregunta a Jesús cuántas veces podía perdonar a alguien, y la respuesta de Jesús fue: "hasta 7 veces, sino hasta setenta veces 7", dejando claro que la idea era perdonar siempre. Estas serán unas siete semanas bendecidas para ti, y mi gran deseo es que puedas escuchar las amonestaciones que Dios nos trae a través de estos escritos.

Alexis Angulo Vicepresidente Ejecutivo de la ASECRI
(Asociación de Escritores Cristianos)

PREAMBULO

Estas 280 reflexiones aquí plasmadas, nacieron en mis tiempos devocionales, trabajos de seminarios, enseñanzas, sermones y celebraciones de días internacionales. Reflexiones que te pondrán a pensar en los más variados temas teológicos y sociológicos que te puedas imaginar. Este es el propósito: que tomes tiempo para pensar en cada una de las ideas que están detrás de cada reflexión, ya que, convencido estoy de que estas palabras te bendecirán, primero porque vienen de la mano de la misma Palabra de Dios. Y, por otro lado, he sido exhaustivo y sigiloso al momento de exponer cada tema, he indagado e investigado en lo concerniente, para poder explicarles a ustedes mis amados lectores, de manera llana y sencilla cada argumento emitido.

Este libro ha sido proyectado con la idea de que en siete semanas lo puedas leer, mi propuesta es que leas un capítulo por semana, ya que contiene siete poderosos capítulos que te alimentarán el alma y espíritu, y así puedes empezar a cultivar en ti ese hábito de lectura que tanto te puede bendecir. Esto de reflexionar es algo que algún día a todos nos llega, algo que a todos nos ha de pasar, el asunto es que se pueda reflexionar a tiempo, ya que el término reflexión es para algo positivo en nuestras vidas, es como hacer un alto, un "stop" y pensar en lo que se ha estado haciendo mal, en eso que no nos deja avanzar como pretendiéramos.

Lo mero cierto es que, al estar cada uno de nosotros envueltos en los roles de vida que nos toca desempeñar, fácilmente olvidamos que somos como esas estrellas fugaces, aquellas que están en el firmamento moviéndose rápido y que repentinamente desaparecen de nuestra vista.

David así un día lo reflexionó, cuando lo pensó de esta manera:

Ardía mi corazón dentro de mí; mientras meditaba, se encendió el fuego; entonces dije con mi lengua: Señor, hazme saber mi fin, y cuál es la medida de mis días, para que yo sepa cuán efímero soy. He aquí, tú has hecho mis días muy breves, y mi existencia es como nada delante de ti; ciertamente todo hombre, aun en la plenitud de su vigor, es sólo un soplo.

Salmos 39:3-5. LBLA.

Casi nunca hacemos pausas para pensar en lo frágiles que somos nosotros los seres humanos, al mismo tiempo, también en su enorme fortaleza y capacidad dada de parte de Dios nuestro Creador. Así como usted puede morir de una simple gripe o fiebre, puede por otro lado, salvarse de un gravísimo accidente que le pueda acontecer. Si deliberadamente observamos por breves momentos la esencia humana, resulta que tiene particularidades como la paciencia, la tolerancia, la calma, el gozo, la paz y, principalmente, la existencia misma; aunque muchas veces lo último que hacemos es detenemos a reflexionar, al respecto David seguía pensando; y por ende, le preguntó a Dios reflexionando:

Cuando veo tus cielos, obra de tus dedos, la luna y las estrellas que tú has establecido, digo: ¿Qué es el hombre para que de él te acuerdes, y el hijo del hombre para que lo cuides? ¡Sin embargo, lo has hecho un poco menor que los ángeles, y lo coronas de gloria y majestad!

Salmos 8:3-5. LBLA.

En el campo de la educación reflexionar constantemente, debe de ser tarea diaria, puesto que nos mantiene en relación con la disciplina. Se llega a meditar cuando algún hecho ha sucedido y generalmente impacta en nuestra vida. Puede ser porque se vio algo que no es común afrontar, o situaciones que implican sacar conclusiones que serán trascendentales, entonces caemos en la cuenta de que se tiene una clara conexión con el mundo no solo exterior, sino que tras cada hecho hay una fuerza espiritual que nos insta a hacer las cosas, ya sean las buenas o las malas, ya que, como personas creyentes que somos, no obviamos que están las fuerzas del bien y el mal ahí, y tal vez así comprendemos nuestro mundo físico en el que nos movemos.

Como aquí hay emitidas reflexiones sociológicas, en el área de la pedagogía hay teorías del conocimiento y, navegar en esos mares, implica reflexionar cada lectura, así como las circunstancias que lleven a comprender y entender la labor que tiene el sujeto en su propio espacio. Se percibe entonces que el tesoro de reflexionar implica crear conocimiento; y sobra decir que, esa es una consigna altamente difícil, pues la Palabra del Señor nos dice en la versión Dios Habla Hoy:

Mi pueblo no tiene conocimiento, por eso ha sido destruido. Y a ti, sacerdote, que rechazaste el conocimiento, yo te rechazo de mi sacerdocio. Puesto que tú olvidas las enseñanzas de tu Dios, yo me olvidaré de tus descendientes.
Oseas 4: 6 DHH.

La buena noticia ante esta gran verdad es que, el acto de reflexionar es un rasgo del ser pensante, y aunque existen excepciones, es decir, personas que no se detienen por algunos segundos en una zona reflexiva, que no se paran en el camino, como bien nos insta la Escritura:

Así dijo Jehová: Paraos en los caminos, y mirad, y preguntad por las sendas antiguas, cuál sea el buen camino, y andad por él, y hallaréis descanso para vuestra alma. **Jeremías 6:16.**

Hay un buen grupo determinado de personas que, si lo estamos haciendo, nos estamos parando en el camino de la reflexión, indagando la mejor manera de poder servir a Dios nuestro Creador. Por eso me he empeñado en que estas palabras sean prácticas y útiles para los líderes, para esos predicadores emergentes que Dios está levantando, creo que aquí pueden encontrar revelaciones importantes a la hora de bosquejar sus mensajes, que, así como Priscila y Aquila les expusieron más exactamente el camino de Dios a Apolos, de igual forma, los lectores sean inducidos de manera exacta a proclamar la palabra del Eterno, que sean efectivos a la hora de exponer un mensaje. A la verdad estamos en un tiempo delicado, donde la apostasía y fabulas están a la orden del día, y es penoso ver a muchos siendo arrastrados por esta gran ola.

Cuando te dejas instruir de forma correcta, entonces tu mensaje será efectivo, por eso te invito a ver la historia que habla de este Apolos, para que lo puedas tomar como ejemplo, así que veamos la narrativa: *Llegó entonces a Éfeso un judío llamado Apolos, natural de Alejandría, varón elocuente, poderoso en las Escrituras.*

Este había sido instruido en el camino del Señor; y siendo de espíritu fervoroso, hablaba y enseñaba diligentemente lo concerniente al Señor, aunque solamente conocía el bautismo de Juan. Y comenzó a hablar con denuedo en la sinagoga; pero cuando le oyeron Priscila y Aquila, le tomaron aparte y le expusieron más exactamente el camino de Dios.

Y queriendo él pasar a Acaya, los hermanos le animaron, y escribieron a los discípulos que le recibiesen; y llegado él allá,

fue de gran provecho a los que por la gracia habían creído;
porque con gran vehemencia refutaba públicamente a los judíos,
demostrando por las Escrituras que Jesús era el Cristo.
Hechos 18:24-28.

Pudiéramos decir que Apolos reflexionó en base a las palabras que les expusieron Priscila y Aquila, por eso con gran vehemencia pudo refutar públicamente a los judíos que Jesús era el Cristo. Lo que sí es importante acentuar, es que la reflexión debe ejercitarse, trabajarla frecuentemente, porque estimula a pensar sobre lo que se ha hecho, el porqué de lo que se está haciendo en ese momento; y sobre los impactos o consecuencias que pueden emerger de alguna situación como ya lo he mencionado... Si Apolos se hubiera creído un sabelotodo, su mensaje no hubiese tenido el impacto que tuvo al llegar él a Acaya.

Saber si una actitud es positiva o negativa, y qué aprendizaje se obtuvo de ésta, será el resultado de la mezcla de verdades con creencias, obteniendo así nuestro conocimiento; y aunque hablar del conocimiento es otro tema amplio, si puede alcanzarse la posibilidad de vislumbrar situaciones que describan lo que se ha descubierto. Así que mis estimados lectores, les animo que juntos hagamos de la reflexión una convicción. Ser libres pensadores en estos tiempos tan críticos y peligrosos en que vivimos, implica conocimiento y argumentación, conocimiento que dicho sea de paso explico que solo lo puede dar Dios, ya que el apóstol Santiago nos dice:

Y si alguno de vosotros tiene falta de sabiduría, pídala a Dios, el
cual da a todos abundantemente y sin reproche, y le será dada.
Santiago 1:5 RVR.

Sin embargo, difícilmente pierde alguien la vida por el don de la reflexión, que hemos recibido por el simple hecho de existir delante del Padre Celestial, y nos pone ese espíritu reflexivo dentro de cada uno de sus hijos, para que podamos escuchar las amonestaciones que día tras día nos trae consigo la vida misma:

El oído que escucha las amonestaciones de la vida, Entre los sabios morará. **Proverbios 15:31.**

El Autor

La importancia de la reflexión

El Eterno quiere que haya hombres y mujeres leales a Él, a la familia, a la iglesia, a la sociedad y a su trabajo, entre otras cosas. La lealtad que se manifiesta primero a Dios viviendo acorde a sus principios, es lo que nos lleva a vivir una vida saludable con quienes nos relacionamos, independientemente de que estas sean personas difíciles de manejar. Por eso es necesaria la reflexión para que examinemos cómo hemos estado viviendo hasta ahora, que sepamos las consecuencias que se acarrean cuando no vivimos sujetos a la voluntad del Creador.

Salva, oh Jehová, porque se acabaron los piadosos; Porque han desaparecido los fieles de entre los hijos de los hombres. Habla mentira cada uno con su prójimo; Hablan con labios lisonjeros, y con doblez de corazón.

Salmos 12:1-2.

La espada que a los malos cortará

Mejor es adquirir sabiduría que oro preciado; Y adquirir inteligencia vale más que la plata.

Proverbios 16:16.

1. "La Espada Llameante". **Génesis 3:24**, cita que el Jardín del Edén es sellado con Querubines y con una espada encendida. Todo esto, con el propósito de que el hombre no pueda regresar a él. Interesantemente, en el tiempo de la ancestral sumeria, posterior a los escritos bíblicos, la espada en llama representaba la más perfecta seguridad. Todos estamos de acuerdo, de que la espada ardiente estaba allí para cerrar de manera segura la entrada al jardín. Independientemente del antecedente sumerio antes mencionado, podemos ver acá dos elementos: una espada, y llamas (fuego).

Estos dos elementos nos hacen pensar en **Ezequiel 21**, allí ambos elementos representan la ira, y los juicios de Dios. En el **verso 6**, la espada cortará a todos. **Verso 11**, la espada será entregada al matador (vendrá muerte). En el **Verso 31**, el fuego de su enojo se encenderá sobre Israel, y lo entregará en mano de hombres temerarios, artífices de destrucción. **Verso 32**, el fuego arrasará de tal manera que no quedará ni memoria de ellos.

Así mismo, en tiempos escatológicos, donde se derramarán los juicios de Dios sobre la tierra, estos dos elementos, espada y fuego, están muy presentes. Por ejemplo, **Apocalipsis 19:11-15**, dice que de la boca del Fiel y Verdadero, sale una espada aguda para herir a las naciones. En cuanto al fuego, todavía se hace más énfasis en él durante este último libro de la Biblia. He aquí una muestra de ello: Así vi en visión los caballos y a sus jinetes, los cuales tenían corazas de fuego, de zafiro y de azufre. Y las cabezas de los caballos eran como cabezas de leones; y de su boca salían fuego, humo y azufre. Por estas tres plagas fue muerta la tercera parte de los hombres; por el fuego, el humo y el azufre que salían de su boca. **Apocalipsis 9:17-18.**

Podríamos concluir diciendo: la espada y el fuego, revolviéndose por todas partes para que el hombre no pueda entrar al jardín, representa la exclusión del pecador, los juicios y la ira de Dios contra el pecado. El hombre no podrá volver a entrar al paraíso por sí mismo, necesitará el permiso de Dios para entrar en comunión con El. Y es aquí donde Jesucristo se convierte en el único camino posible, para poder entrar nuevamente en aquella presencia hermosa de Dios. El evangelio de Juan lo dice de esta manera: *"El que cree en el Hijo tiene vida eterna; pero el que no obedece al Hijo no verá la vida, sino que la ira de Dios permanece sobre él."* *(3:36).*

¿No quieres que su ira te alcance, que su espada te corte? Entonces reflexiona en la manera que ha estado viviendo y preocúpate por recibir la sabiduría que de parte de Dios para ti viene.

¡Cuidado con tus emociones!

2. Las emociones de los grandes líderes y el Espíritu de Dios: ¿Por qué Samuel, al ungir a Saúl lo besa **(1 Samuel 10:1)**, mientras que al ungir a David no **(1 Samuel 16: 13a)**? En la narración bíblica todavía no encuentro una respuesta para esta pregunta, pero algo sí que sé: Los líderes en posición muchas veces se apasionan con algunos prospectos. Las emociones de los hombres de Dios siempre juegan un papel en toda esta dinámica. En la unción a Saúl hubo mucha emoción por parte de Samuel, pero nada de Espíritu descendiendo sobre el nuevo líder; en la unción a David no hubo mucha emoción por parte de Samuel, pero hubo Espíritu viniendo hacia el nuevo rey **(1 Samuel 16:13b)**.

Los sentimientos del líder que unge, puede que coincidan con la obra del Espíritu, pero como vemos en esta parte de la Biblia, no siempre es así. Y es que los ojos y las apariencias engañan, por eso

Dios ve más allá de esas cosas, tal y como lo enseña todo ese capítulo 16 de 1 Samuel, especialmente el verso 7: *("Pero el Señor le dijo a Samuel: No juzgues por su apariencia o por su estatura, porque yo lo he rechazado)*

El Señor no ve las cosas de la manera en que tú y yo las vemos... La gente juzga por las apariencias, (pero el Señor mira el corazón).

La importancia de la educación

Antes que cualquier otra cosa, adquiere sabiduría y buen juicio.
Proverbios 4:7. DHH.

3. "La Asamblea General de las Naciones Unidas ha declarado el día 24 de enero, como el Día Internacional de la Educación, con el objetivo de concienciar sobre el papel que la educación desempeña en la creación de sociedades sostenibles y autosuficientes. La Educación aumenta la productividad de las personas y el potencial de crecimiento económico, desarrolla las competencias necesarias para el trabajo y las aptitudes profesionales necesarias para el desarrollo sostenible, ayuda a erradicar la pobreza y el hambre, contribuye a mejorar la salud, promueve la igualdad entre los géneros y puede reducir la desigualdad y promueve la paz, el estado de derecho y el respeto de los derechos humanos.

A propósito de este día: se entiende que Jesús fundó el cristianismo, y Pablo lo desarrolló. Ambos dejaron un ejemplo claro sobre la educación: Es imposible refutar que Jesús basó su ministerio en la inversión de tiempo para la formación de sus discípulos. Además, parte de sus últimas palabras durante su tiempo de vida terrenal fueron: *"Por tanto, id, y haced discípulos a todas las naciones, bautizándolos en el nombre del Padre, y del Hijo, y del Espíritu Santo; 20 enseñándoles que guarden todas las cosas que os he mandado; y he aquí yo estoy con vosotros todos los días, hasta el fin del mundo. Amén."* **Mateo 28: 19-20.**

Así mismo, el apóstol Pablo siguiendo ese ejemplo dijo lo siguiente: *"Lo que has oído de mí ante muchos testigos, esto encarga a hombres fieles que sean idóneos para enseñar también a otros."* **(2 Timoteo 2:2).**

Tanto Jesús, como Pablo, tuvieron un gran ministerio hacia las multitudes. Sin embargo, se concentraron también en educar a sus sucesores, y a dejar órdenes para que estos a su vez hicieran lo mismo. Toda congregación, que no provea espacios serios, formales e intencionales para educar a sus miembros, está faltando gravemente a los ejemplos dejados por Jesús y Pablo (…) ¿Queremos un verdadero desarrollo en nuestra gente? Entonces ¡Eduquemos! Y veremos los resultados estimables.

El fundamento ha sido puesto

4. Códice Sinaitucus: **Lucas 16:16:** *"La ley y los profetas predicaron hasta Juan; desde ese momento se predica el reino de Dios, y cada uno entra por la fuerza."* Traducción Reina Valera 1909. *"La ley y los profetas eran hasta Juan; desde entonces el reino de Dios es anunciado, y todos se esfuerzan por entrar en él."*

En ambas traducciones, tanto en una de las originales más antigua que se tiene, como en la Reina Valera, que es la cuestionada, se nota que Jesús está claramente cerrando un sistema y abriendo otro.

Una vez más, lo que se ha querido es abrir la puerta para que los neo-apóstoles y neo-profetas sigan engañando a la gente, sistema de predicación que Jesús claramente concluyó. El llamado hoy en día es a predicar el evangelio ya escrito, y con buen fundamento.

El mejor de los ejemplos digno de imitar

5. John H. Yoder, con diferentes palabras presenta lo siguiente: "Satanás tentó a Jesús a través de tres ofrecimientos: 1ro. Que convirtiera la piedra en pan, 2do. que se lanzara del pináculo del templo para que los ángeles vinieran a protegerlo, 3ro. que lo adorara a él y los reinos caerían a sus pies. Resulta que Jesús tuvo tres momentos históricos para usar la violencia y así tratar de hacerse rey: 1ro. Cuando multiplicó los panes y los peces, allí la gente lo quiso hacer rey. 2do. En el momento de la entrada triunfal a Jerusalén, la gente estaba lista para hacerlo rey. Y 3ro. Cuando en el Getsemaní pudo haber invocado a una legión de ángeles para que aplastaran a los soldados romanos que vinieron a arrestarlo."

¿Notan la relación entre los tres ofrecimientos de Satanás, y estos tres eventos clímax en la vida del Maestro? Cada uno de estos eventos, propuso el escenario adecuado para que el Mesías tomara su reinado con violencia. Sin embargo, Jesús decidió seguir el camino de la "no violencia activa". Fue esto lo que inspiró al historiador y filósofo Alemán León Tolstoi, el cual influyó en hombres tales como Gandhi y Martin Luther King. Este último tuvo mucho éxito a través de este tipo de lucha, acá en USA. La violencia no es ni debe ser el único camino para hacer cambios en la sociedad, el ejemplo de Jesús (emulado por los hombres antes mencionados) sigue esperando a ser imitado.

Nada nuevo que agregar, porque hecho está

6. *También me dijo: Hecho está. Yo soy el Alfa y la Omega, el principio y el fin. Al que tiene sed, yo le daré gratuitamente de la fuente del agua de la vida.* **Apocalipsis 21:6.**

Edificados sobre el fundamento de los apóstoles y profetas, siendo la principal piedra del ángulo Jesucristo mismo. **Efesios 2:20 20. (Lucas 16:16).** Solo hay un Cristo, solo hubo 12 apóstoles, y los profetas hasta Juan profetizaron ¿Por qué? Porque todo ello conforma el fundamento de la iglesia. De ahí en adelante, es solo edificar hacia arriba: ya no se puede volver a fabricar un fundamento existente. Pablo lo dice así: *Porque nadie puede poner otro fundamento que el que está puesto, el cual es Jesucristo* **(1 Corintios 3:11).** Todo aquel que quiera tomar un lugar en ese fundamento, a sí mismo se engaña. Lo que sí podemos ser son "piedras vivas" en el edificio (1 P. 2:5), pero en el fundamento ya no hay más lugar... Ten presente que: Toda palabra de Dios es limpia; Él es escudo a los que en él esperan. No añadas a sus palabras, para que no te reprenda, Y seas hallado mentiroso. **Proverbios 30:6-7.**

7. Oración: *Amante Dios, no me dejes sufrir más allá de lo que la formación de mi carácter necesita, y dame la alegría suficiente para seguir mirando hacia el futuro. No me des demasiado de ambas cosas, porque se puede dañar mi alma: Vanidad y palabra mentirosa aparta de mí; No me des pobreza ni riquezas; Mantenme del pan necesario; No sea que me sacie, y te niegue, y diga: ¿Quién es Jehová? O que, siendo pobre, hurte, Y blasfeme el nombre de mi Dios.* **Proverbios 30:8-9.**

Que la crisis de autoridad no te afecte

8. Se cree que estamos viviendo un tiempo pos- denominacional, porque ya pocos están dispuestos a someterse ante la autoridad. Todo el mundo quiere ser cabeza y no cola, el cacique y no el indio. Pero ¿sucede eso solo a nivel de líderes? NO, ese espíritu está gobernando a todo el mundo; también los pastores estamos sintiendo los embates del mal carácter del hombre de los últimos tiempos. Estamos viviendo una época parecida a la de **Jueces 21:25**, donde "cada quien hace lo que bien le parece". Los guías, los maestros, los pastores, los supervisores, somos gente de autoridad, hasta que tenemos que corregir a las personas, entonces nos convertimos en nada ante los ojos del confrontado. Al redargüir a la "oveja" en su desatino, perdemos la autoridad que antes teníamos.

Pero si estos confrontados son pastores, forman sus propias iglesias; y si son miembros, se van a otra congregación. Hay una crisis de autoridad en el mundo, y eso nos está destruyendo. Están en especie de extinción aquellos que, cuando eran confrontados por su pastor, bajaban la cabeza y lloraban junto a él. Están en especie de extinción, aquellos pastores que, cuando eran confrontados por su supervisor, se sometían humildemente. La autoridad está en crisis, oremos para que este mal no siga en aumento, porque debemos ser líderes acordes al modelo de Jesús.

La ética del amor

9. La ética que nos enseñó Jesús es una que tiene que ver con el amor y el cuidado por los demás. La ética que nos enseña esta cultura capitalista es la de usar a las personas con el fin de obtener ganancias. Por eso es que hoy en día, el ser humano es visto como un medio, no como el fin: esto no fue lo que nos enseñó el maestro

Por tal motivo, él nos dijo que, por ir a buscar a una sola oveja perdida, había que ser capaz de dejar noventa y nueve en el aprisco. ¿Ven? La matemática de Jesús es diferente a la ética capitalista. En Cristo cada persona cuenta, no es uno más para agregar a la lista, es un alma de valor que necesita ser escuchada, amada y cuidada.

10. Proverbios significa: Oraciones con una o dos frases conteniendo sabiduría, en cambio Mashal, además de proverbios, significa también canción, profecía, parábola, salmo y alocución. Por lo tanto, proverbios no le hace honor a dicho libro, mientras que Mashal sí. De hecho, en la Biblia hebrea proverbios no se llama así, sino que se titula: mischléh de Salomón. En español, no se encontró una palabra más cercana que **"proverbios"** para traducir mischléh, pero una vez más, aquella no alcanza la dimensión del término hebreo antes mencionado.

11. El año 2018 fue de mucha bendición para nosotros: hubo batallas, pero fueron para experimentar victorias. También hubo derrotas, pero fueron para que yo sea testigo de lo débil que soy; y así dependa más de Dios, y menos de mí. hubo pérdidas materiales, pero fueron para experimentar agradecimiento por aquello que todavía poseo. Uno que otro hermano me desilusionaron, pero aquello fue para experimentar lo valiosa que son ciertas personas fieles en mi vida. Hubo momentos de agotamiento, pero fueron para experimentar la renovación de fuerza que solo Dios da. Hubo momentos de tristeza, pero fueron para que yo me entregara más a la oración. Pero déjenme decirles que hubo muchas alegrías también, ellas fueron para que yo diera alabanzas de júbilo a Dios (…) ¡Entramos a un nuevo año con grandes expectativas de lo que el Señor hará! Y doy gloria y honra a Él, porque he podido redactar este maravilloso libro que ahora estás leyendo.

12. Estos eran los líderes del pueblo, al momento en que Jesús comenzó su ministerio: los herodianos, llenos de política y vacíos de Dios; los fariseos, saduceos y escribas, llenos de letras y vacíos de Espíritu; los publicanos, llenos de imperialismo y vacíos de amor por la patria; los zelotes, llenos de odio y vacíos de paz (…) ¿Qué tipo de líderes tenemos hoy en día en nuestras iglesias?

Oremos para que Dios nos de líderes llenos de Espíritu, de amor y de paz. Líderes que realmente imiten el modelo de Jesús, pues, así como Juan dijo: *El que dice que permanece en él, debe andar como él anduvo.* **1 Juan 2:6.** Seamos lideres prominentes a la manera de Jesús y no bajo este concepto mundano.

13. Herodes tiene "dos records": **1.** La única persona a la que Jesús, en términos personales, le emitió un insulto, cuando acerca de él dijo: **"zorra".** Y **2.** La única persona que se reunió con Jesús, y no recibió una sola palabra de Su parte.

Un trabajo extraordinario

14. ¡Qué gran trabajo hizo el maestro! Los herodianos estaban vacíos de Dios, y llenos de política; los escribas estaban vacíos de autoridad, y llenos de letra; los fariseos y saduceos estaban vacíos de Espíritu, y llenos de legalismo. Igualmente, los zelotes estaban vacíos de amor y llenos de odio hacia el imperio; y los publicanos vacíos de patriotismo, y llenos de simpatía hacia Roma. Estos eran los que dominaban y dirigían al pueblo de Israel, en el tiempo que Jesús irrumpe con su ministerio.

Es la causa por la que el Maestro no tuvo más remedio que confrontarlos, venciéndolos a todos en el terreno que ellos elegían retarlo. Cuando Jesús confrontaba a un herodiano, en realidad estaba enfrentando la mala manera d hacer política. A estos les enseñó el valor del silencio, y el poder de las acciones justas hacia los pobres. Precisamente, aquel silencio de Jesús frente a Herodes, lo veo como un contraste a sus poderosas acciones en favor de los marginados.

Eso debería hacer un buen político: actuar más y hablar menos. Así mismo, cuando enfrentaba a los escribas, en realidad enfrentaba la acción de enseñar la Palabra sin autoridad. A estos les modeló que la autoridad es necesaria, para poder enseñar la Palabra de Dios **(Marcos 1:21-28)**, porque la Palabra de Dios no es letra muerta, sino verbo que da vida. Cuando enfrentaba a los fariseos y saduceos, en realidad enfrentaba al legalismo: Esa manera de enseñar la Palabra sin envolver el Espíritu de la misma. A estos les enseñó que el Espíritu de la ley, era mejor que la tinta en el papel.

Esto así, porque el propósito de la ley es amar a Dios por sobre todas las cosas, y al prójimo como a sí mismo. Si lo escrito no nos lleva a ese punto, tristemente caemos en el legalismo que mata. Al confrontar a zelotes, les mostraba que se podía cambiar el odio hacia el imperio, por el amor hacia la patria celestial; que se podía cambiar la promoción del patriotismo judío, por la promoción del reino de Dios. Y a los publicanos les mostró que la lealtad a Dios es mejor que la lealtad hacia el imperio (…) ¡Qué gran trabajo hizo el maestro!

15. El mensaje con el cual se inauguró Samuel como profeta, estaba tan pesado que ni siquiera quería darlo. El propio Elí, quien era el infeliz destinatario, tuvo que presionarlo para que soltara la Palabra. El trabajo de los profetas bíblicos era uno que nadie deseaba, porque no era un deleite. De hecho, la Biblia Reyna Valera, antigua versión, traduce a **Malaquías 1:1** como: *"Carga de Jehová contra Israel, por medio de Malaquías"*. La profecía que

Malaquías iba a impartir era como una carga pesada, así que, aquello no era un trabajo fácil.

Tan difícil era, que el profeta Jeremías trató de renunciar, aunque no pudo ¿Por qué Samuel no quería dar aquel primer mensaje, por qué Malaquías lo presenta como una carga, y por qué Jeremías quiso renunciar a ello? Porque el mensaje de Dios no era, ni es, ni será, para entretener ni para venderle sueños sobre pertenencias materiales a las personas. El mensaje es para que la gente se corrija, y se ajuste a los valores del reino de Dios, muy lamentable lo que en estos días vemos, como tristemente algunos juegan con esto de la profecía como si esto fuera un juego.

Dios sin duda quiere que profeticemos, pero ese asunto profético al cual Él se refiere en su Escritura más bien es un llamado a discernir y poder revelar lo oculto del corazón: *Pero si todos profetizan, y entra algún incrédulo o indocto, por todos es convencido, por todos es juzgado; lo oculto de su corazón se hace manifiesto; y así, postrándose sobre el rostro, adorará a Dios, declarando que verdaderamente Dios está entre vosotros.* **1 Corintios 14:24-25.**

16. Prefiero a aquel que defiende los derechos de los seres humanos, que aquel que tiene un discurso nacionalista sembrador de odio y división. **En Lucas 5:25-37**, un maestro de la ley tratando de auto justificarse, le preguntó a Jesús: **¿Quién es mi prójimo?** Jesús le reveló que un samaritano era su prójimo. Ahora bien, un samaritano representaba todo el estereotipo contrario al ciudadano judío. Así que, esa persona que no habla, ni viste, ni cree, ni come como tú, ese es tu prójimo. Esta enseñanza de Cristo golpea de manera frontal el espíritu nacionalista que invade aun a personas que hoy en día dicen ser sus seguidores.

Un poder ilimitado

17. En **Lucas 5**, Jesús vio dos barcas vacías, al final de esta historia, las dos barcas terminaron llenas de peces a toda su capacidad ¿Coincidencia? Jamás. ¿Qué sucedería si una tercer, o cuarta, o más barcas hubieran estado disponibles allí? En **2 de Reyes 4**, el aceite cesó de fluir cuando ya no hubo más envases que llenar. Piénsalo, el poder de Dios es ilimitado: Al igual que Pedro en **Lucas 5**, solo pon en práctica la fe y la obediencia al Señor, y El proveerá.

18. La preocupación de Pedro en **Lucas 5**, era una barca en la orilla totalmente vacía, unas redes que lavar para guardarse, e irse a descansar para intentarlo la noche siguiente. Sin embargo, llegó Jesús a la playa y le cambió todo ese panorama sombrío. De repente: la barca estaba bogando otra vez, las redes estaban en uso, y el cansancio se había olvidado. Ahora lo único que le quedó fue una sensación tremenda de estar en la presencia del Todopoderoso, y ya no quería peces, ni trabajar con redes, ni descanso, solo deseaba estar para siempre bajo aquella influencia, y así fue.

19. Muchos han invertido bastante tiempo, en tratar de descubrir de qué se vació Jesús durante la Kenosis **(Filipenses 2).** Yo prefiero pensar en el propósito de la Kenosis. Es decir, mientras se está lleno no hay espacio para alguna otra cosa, y entiéndase esto: *Rebosa mi corazón palabra buena; Dirijo al rey mi canto; Mi lengua es pluma de escribiente muy ligero.* **Salmos 45:1.**

En mi corazón no hay espacio para malas noticias, por eso estas hermosas reflexiones aquí expuestas para que tu vida sea bendecida amado lector, fui enviado por el Creador a impartir buenas nuevas, palabras de trasformación y poder, tal como la Escritura dice: *¡Cuán hermosos son sobre los montes los pies del*

que trae alegres nuevas, del que anuncia la paz, del que trae
nuevas del bien, del que publica salvación!, del que dice a Sion:
¡Tu Dios reina! Isaías 52:7.

Jesús es la más grande representación de este texto, así que, en la
Kenosis la segunda persona de la Trinidad crea lugar en su esencia
para algo más: la humanidad. Así surge un ser increíble: Cien por
ciento Dios y cien por ciento hombre. Las palabras exactas que
introducen el término Kenosis son: *"No estimó el ser igual a Dios*
como cosa a que aferrarse". Él sabía muy bien, que, al dar espacio
para lo humano, algo sucedería con su "igualdad Divina", y, sin
embargo, lo hizo. Pero yo prefiero ver la Kenosis, no como algo
que le restó a la Divinidad de Jesús; sino como algo que le sumó a
su propio ser: él abrió espacio para lo humano. Los verdaderos
creyentes no tenemos ningún problema o duda con la Kenosis, y
adoramos plenamente a Emanuel: Dios con nosotros.

20. Llama la atención que, cuando Jesús les dijo a sus discípulos:
"como el Padre me envió así yo os envío a vosotros", ellos
estaban asustados y encerrados. Digo que llama la atención, porque
todavía muchas congregaciones están, sino asustadas, por lo menos
encerradas. Los primeros discípulos estaban encerrados por miedo
a los judíos, pero muchos discípulos hoy están encerrados por su
propia mentalidad de castillo. Sienten que salir al mundo los puede
contaminar, y que es mejor "enviar misiones de rescate y traer
unos cuantos al castillo". Sin embargo, la iglesia de hoy debe
escuchar al Cristo resucitado; el cual ya no tendría sus pies y
manos mortales en la tierra, y que ahora necesita de los pies y las
manos de sus discípulos para llevar el reino de Dios a las
comunidades.

El Cristo resucitado ya había terminado su ministerio terrenal, y ahora comenzaba el de la iglesia, la cual es nombrada como su cuerpo. Esta iglesia debe tomar muy en serio estos dos puntos: **1ro.** Como el Padre envió al Hijo, así la iglesia es enviada. Y **2do.** La iglesia es el cuerpo de Cristo, en tal sentido debemos hablar, caminar, palpar, viajar, en fin, vivir como Él lo hizo. Esto asume estar lleno de gracia y de verdad.

No es con espada ni con ejército

21. A propósito de la Semana Internacional del Desarme: cuando Jesús mandó a los discípulos a comprar espada **(Lucas 22:36)**, no fue con la intención de que estas fueran usadas. No, la verdad es que aquel mandato tenía como propósito **(según Lucas 22:37)**, el cumplimiento profético de **Isaías 53:12**. Toda profecía acerca del Mesías tenía que cumplirse, y para el momento faltaban algunas. Una de esas, era la de que el Mesías sería contado entre los rebeldes. Aquellas espadas en posesión de los discípulos representaban rebeldía, y eso era todo. Que las espadas en manos de los discípulos solo eran un símbolo de rebeldía y no armas a ser usadas, queda comprobado en **San Juan 18:11**.

Allí en el huerto de los olivos, cuando Pedro hace uso de una de esas armas, Jesús le da la orden de que la vuelva a guardar, porque la voluntad de Dios tiene que cumplirse. Y esto último está en sintonía con el mensaje bíblico: paz en la tierra, que sea Dios el que gobierne. Esto nos lleva a pensar en aquel tiempo que la Biblia anuncia el milenio: allí habrá un verdadero desarme, todo instrumento bélico será convertido en instrumentos de arar la tierra. Mientras tanto, apoyamos el llamado al desarme, como alguien también dijo: "Que se abandone el uso de la fuerza en las y se logre la seguridad desde el desarme."

El peligro de la tosquedad

22. Nabal le hacía honor a su nombre, era necio **(1 Samuel 25).** Como tal, tenía actitudes muy negativas. Estas actitudes lo llevaron a poner a su casa en riesgo, al provocar la ira de David. Un padre de familia necesita desechar estas actitudes de Nabal; es decir, la brusquedad, indiferencia, ebriedad, y todas las demás, que causan insensatez en el hombre. Si no lo hace, le va a suceder los mismo que a Nabal, que, aunque había logrado tener una buena esposa, y grandes posesiones, lo perdió todo en cuestión de días.

Por eso Dios te invita a abandonar la tosquedad, para ello debe iluminar tu intelecto, debes capacitarte y buscar la sabiduría, reflexionar en ello te llevará a vivir entre los sabios: *¿Quién como el sabio? ¿y quién como el que sabe la declaración de las cosas? La sabiduría del hombre ilumina su rostro, y la tosquedad de su semblante se mudará. (Por ello) Te aconsejo que guardes el mandamiento del rey y la palabra del juramento de Dios.* **Eclesiastés 8:1-2.**

23. "Platón, uno de los grandes filósofos de Grecia, en una ocasión mientras enseñaba, miró desde su escritorio para ver cómo la clase, la cual estaba llena de aprendices, digería su disertación. Cuando vio, se dio cuenta que solo quedaba un estudiante, el nombre del joven era Aristóteles. Quizás, ese fue el momento histórico en que Platón decidió que este sería el discípulo en el cual invertiría su vida. Como producto de esta inversión, Aristóteles se convirtió en el tercero de la trilogía de los grandes sabios de la antigua Grecia." Los líderes querrán invertir su tiempo, en aquellos que realmente muestren interés por recibir lo que ellos tienen.

24. Una autocrítica: el mundo evangélico pentecostal, forzando en parte por el glamour que el neo-pentecostalismo impulsa, se ha ido demasiado profundo en asuntos bíblicos y de liderazgo. Hay gente que traen unas interpretaciones bíblicas muy originales, tan originales que a veces solo ellos entienden lo que hablan. Otros hacen unos congresos de liderazgo, que son dignos de un Grammy o un Oscar a la mejor producción. Sin embargo, hemos dejado de lado las cosas básicas de ambas ramas. En cuanto a la Biblia, lo básico es el amor, la fe y la esperanza. **San Juan 3:16** nos habla del amor de Dios, amor que lo lleva a ofrendar Su Hijo a favor del mundo. Esta muerte trae vida eterna a todo aquel que tiene fe en Él, y una vez se comienza a experimentar esta vida eterna, igualmente nace una esperanza de un mejor porvenir.

En cuanto al liderazgo, lo básico es el servicio. Jesús dijo a sus discípulos: *"El que quiera hacerse grande entre vosotros será vuestro servidor"*. *"*Mt. 20:26.** Después de tantas luces bíblicas, y tantos congresos de liderazgo magníficos ¿Estamos viviendo el amor, la fe y la esperanza? O ¿Somos nosotros los líderes un modelo de siervos? Esperemos que sí, de lo contrario, analicemos en qué estamos invirtiendo nuestro tiempo y nuestras fuerzas.

25. Si te tienes que ir, una vez del otro lado no quemes la barca, no sea que la necesites algún día para regresar. Los discípulos hubiesen podido tener más confianza que la barca no se hundiría, ya que el Señor estaba con ellos. Creemos que Jesús terminará lo que ha empezado. Y nosotros creemos en la Iglesia instituida por el Señor. La fe en la Iglesia de Cristo es inseparable de la fe en Jesucristo, el Hijo de Dios, hecho hombre. Ciertamente nos hacen sufrir las tribulaciones y las carencias que afectan el aspecto histórico de la Iglesia de Cristo, pero por ello no ponemos en duda nuestra fe en la Iglesia instituida y dirigida por Jesucristo.

26. ¡Qué extraña tendencia hoy en día!: Separar arbitrariamente el reino de Dios, de la iglesia de Dios. Es extraño, porque todo aquel que se va de una iglesia, bajo el argumento de que ella no es el reino, lo que hace es organizar otra iglesia. Es bueno que todos sepamos lo siguiente: No existe el cristianismo sin comunidad. Cristo no vino a colocar el reino de Dios en el aire, sino entre personas de carne y hueso, en el corazón de la historia humana. En la mente de Cristo no cabe reino, sin las personas a impactar por ese reino. Su trabajo en la tierra así lo demuestra: antes de cualquier otra cosa, lo primero fue comenzar a elegir a los primeros miembros de su iglesia. Claro que el reino es una cosa y la iglesia es otra, sin embargo, es como el fuego, el calor y la luz; en teoría cada uno es diferente, pero en la práctica son inseparables. Por favor, al reino no le quites la iglesia, ni a la iglesia la saques del reino.

27. A quién pueda interesarle: la política y los negocios son como la ciudad de Tarsis, de la cual se hace referencia en la historia de Jonás: el lugar a donde desean huir los ministros que por alguna razón no quieren seguir ejerciendo su vocación. Todos nosotros sabemos la historia, la huida de Jonás fue un desastre, y al final tuvo que cumplir con la misión que le fue encomendada, con su asignación. No hay nada malo con la política y los negocios, pero cuando son usados como un lugar de refugio para escapar del llamado de Dios, generalmente terminan en una tormenta como el viaje de Jonás hacia Tarsis.

Hombre y mujer de Dios entiende esto: no eres político, ni comerciante, eres un ministro. Cumple tu ministerio, no sigas huyendo o se levantará una tormenta a tu alrededor. Grande o pequeña, todos los ministros llenamos una necesidad espiritual a favor de nuestros iguales.

Que la modestia sea tu insignia

28. Una mirada a nuestra sociedad muestra que la modestia está en decadencia, y el narcisismo está de moda. En un mundo en donde la auto admiración, la auto proyección y el amor por sí mismo está en aumento, sería bueno recordar lo que dijo Isaías acerca de Jesús: "no hay parecer en él, ni atractivo para que le deseemos…" Además, cuando la Biblia profetizó acerca de estos tiempos, lo primero que dijo fue que habría hombres "amadores de sí mismos" (Philautoi).

Esta expresión griega aparece solo aquí en toda la Biblia, y es la primera característica de los hombres sin Dios de los últimos tiempos. Luego están las siguientes condiciones: *avaros, vanagloriosos, soberbios, blasfemos, desobedientes a los padres, ingratos, impíos, sin afecto natural, implacables, calumniadores, intemperantes, crueles, aborrecedores de lo bueno, traidores, impetuosos, infatuados, amadores de los deleites más que de Dios"* (2 Timoteo 3).

Esto significa que Philautoi está al nivel de todos estos malos hombres. En tal sentido, el narcisismo debe quedar fuera de la actitud y conducta de todo hijo y/o ministro de Dios. La modestia no puede estar en decadencia en la iglesia del Señor, debe ser la actitud por excelencia de un redimido, debe ser su insignia. En Jesús no había "apariencia ni parecer" según lo que dictaba la sociedad de su época, sino que lo que atraía la gente hacia Jesús era la gracia de Dios en El, Jesús era lo que era, un hombre veraz.

29. El pedestal del liderazgo es algo que hace posible un terrible final para el líder de éxito. Los hombres y mujeres de Dios, mientras se levantaban hacia una gran posición, estaban rodeados de amigos; pero luego comenzó un tiempo de aislamiento. Una vez encumbrados en la soledad del éxito ministerial, se colocan entonces en una especie de pedestal inalcanzable. Ya no tienen a amigos que le digan la verdad en su cara, sin temor a que se enojen, o con los cuales hablar y tener tiempos de catarsis. Ahora solo están rodeados de unos pocos, que a todo lo que ellos dicen le responden amén.

Ya no tienen a ese amigo atrevido, que le presente la otra cara de la moneda. Es desde ese pedestal que caen, porque son atrapados por adicciones tales como la pornografía, el orgullo, el abuso del dinero que administran y/o relaciones sexuales ilícitas. Es por eso que se llama la atención: "ten cuidado con el pedestal del liderazgo", baja de allí y vuelve a rodearte de esos amigos atrevidos que te incomodarán al decirte la verdad, pero que harán el contrapeso en tu vida.

30. Para los que tienen buenas neuronas: cuando Pablo confronta a los cretenses citando a Epiménides en **Tito 1:12**, con aquella frase: *"los cretenses siempre mentirosos…",* no estaba centrado en la paradoja que ello representaba. Es decir, Epiménides era cretense, en tal sentido, si lo dicho por él fuera cierto, entonces los cretenses no siempre son mentirosos, ya que uno de ellos dijo la verdad; o sea él (así la frase queda como falsa). Pero si la frase es falsa, entonces queda como verdadera ya que un cretense (Epiménides) está hablando mentira como siempre. Así queda establecida "la paradoja de Epiménides", la cual nadie ha podido resolver. Pero como decía al principio, el punto de Pablo no es ese, sino el hecho de que un filósofo cretense, tiene la percepción de que todos allí hablan mentira; y esto era suficiente para Pablo confrontar a esa gente.

31. Si los gobernantes quieren violencia, solo tienen que crear pobreza. Si los gobernantes quieren paz, solo tienen que crear espacios en donde la gente tengan vías de acceso hacia el progreso.

¿De dónde es tu reino?

32. Una reflexión para los cristianos que defienden su nación, por encima de los valores del reino de Dios. Las cosas que le preocupaban a los compatriotas de Jesús el judío, como que no eran tan importantes para éste. Es decir, la gente odiaba a los publicanos, él convivía con ellos **(Lucas 19)**. A los judíos les repugnaban las mujeres de mala reputación, Jesús era un refugio abierto para ellas **(Lucas 7:36-50)**. Los compatriotas de Jesús eran enemigos de los romanos, la Biblia registra a Jesús haciendo un milagro a favor de un centurión **(Lucas 7:1-10)**.

Los judíos no conversaban con los samaritanos, Jesús en un momento determinado buscó la oportunidad para hablar con uno de ellos **(Juan 4)**. Todo este listado podría continuar, pero con estos ejemplos, creo que es más que suficiente para saber ¿Cuál es la lección de todo esto? Que Jesús antes que ser ciudadano israelita, era ciudadano del reino celestial. Si eres seguidor de Cristo, debes imitar Su ejemplo, ten presente siempre que antes que ser ciudadano de cualquier país, eres ciudadano del reino de Dios: Por lo que te aliento a que pienses y actúes como tal.

¡Cuidado con subestimar a alguien!

33. Moisés fue un refugiado, todo el pueblo de Israel fue refugiado, y hasta el mismo Cristo también. Cada 20 de junio, se celebra el Día Internacional del Refugiado. "En un mundo donde la violencia obliga a miles de familias a abandonar sus hogares para salvar sus vidas, es el momento de demostrar que todos estamos de parte de los refugiados. Los refugiados son personas que huyen del conflicto y la persecución. Su condición y su protección están definidas por el derecho internacional, y no deben ser expulsadas o devueltas a situaciones en las que sus vidas y sus libertades corran riesgo.

En la actualidad, presenciamos los niveles de desplazamiento más altos jamás registrados. Unas cifras sin precedente de 65,6 millones de personas en todo el mundo se han visto obligadas a huir de sus hogares. De los casi 22,5 millones de refugiados, más de la mitad son menores de 18 años." ¿Quién iba a decir que aquel hebreo con apariencia de egipcio, el cual llegó a refugiarse a Madián, se convertiría en el libertador de la nación de Dios? ¿Quién diría que aquellos hebreos que se refugiaron en Egipto a causa del hambre se convertirían en la nación escogida del verdadero y único Dios? ¿Quién iba a decir que aquel niñito, llevado a Egipto por sus padres para salvarlo de las manos asesinas de Herodes, iba a ser el salvador del mundo? Esto nos da un indicativo para no subestimar a nadie, porque del que uno menos piensa, Dios tiene trazado grandes cosas con él o ella.

34. A veces hablamos de la división de la vida de Moisés: fue formado durante dos porciones de a 40 años, para servir una porción de 40 años. Es decir, Moisés vivió 40 años en el palacio, luego 40 años en el desierto. Al final de estos 80 años, Dios lo llama y sirvió fielmente durante los últimos 40 años de su vida. Sin embargo, poco hablamos de la división de la vida de su sucesor. Josué vivió 45 años como esclavo en Egipto, luego 40 años siendo formado por Dios y Moisés en el desierto. Todo para servir 25 años, y morir a los 110 años. En ambos ejemplos se muestra la necesidad de un buen tiempo de preparación, antes de ir al servicio.

35. El problema con muchas transiciones de liderazgo es que el líder saliente deja todo el proceso para el final. En esta etapa de su vida, esta persona está lidiando con cansancio físico, a veces con desgaste espiritual, con decepciones familiares, etc. Por tal motivo, el humor no es el adecuado. Esto impacta todas las áreas de su vida, incluyendo la de traspasar pacífica y positivamente su liderazgo. El proceso de cambio entre Moisés y Josué es uno de los mejores. Esto fue así, porque entre otras cosas, comenzó con un buen tiempo de anticipación. El tiempo de comenzar a mentorear a tu sucesor, o sucesores, es ayer.

36. Para tener un hogar ideal, es importante obedecer los consejos de Pablo a los efesios: Primero, estar en Cristo **(5: 1-14)**. Segundo, estar en el Espíritu **(5:18)**. Tercero, estar sujetos los unos a los otros **(5:21)**. Cuarto, el hombre debe amar a su mujer **(5:21)**. Quinto, la mujer debe respetar a su marido **(5:33)**. Sexto, los hijos deben obedecer a sus padres **(6:1)**. Séptimo, los padres deben tener tacto a la hora de disciplinar a sus hijos **(6:4)**. Oremos y esforcémonos, de tal manera que todos podamos tener este hogar ideal.

37. El trabajo del discipulado debe parecerse más al modelo de formación de la antigua Grecia (uno formando a pocos), que al modelo de formación heredado de la Revolución Industrial (formación de obreros en masa). En el primero, el maestro invertía más tiempo en menos personas; mientras que, en el segundo, el maestro invierte menos tiempo en muchas más personas.

38. Para los obreros del Señor: Recuerdo a una persona decir, mas no sé quién es el autor de la siguiente frase: "los pueblos ni agradecen, ni guardan rencor". Yo quiero añadir que, en realidad, unos que otros te agradecerán, y no faltará el que te guarde algo de rencor también. Sin embargo, nada de esto importa, porque, aunque el trabajo es a favor del hombre, nuestra recompensa no viene de ningún ser humano, sino de Dios. Así que, aunque todos se olviden de tu paso por determinado campo de labor, siempre recuerda las siguientes palabras: *"Porque Dios no es injusto para olvidar vuestra obra y el trabajo de amor que habéis mostrado hacia su nombre, habiendo servido a los santos y sirviéndoles aún."* Hebreos 6:10.

39. Es cierto que Dios se manifiesta en grandes estruendos, como en **Éxodo 19**, y **Hechos 2**. Sin embargo, cada ruido de estos fueron y son con propósito. Hacer ruido solo por hábito, sin ningún sentido, no es de Dios. Tanto **Éxodo 19** como **Hechos 2**, entre otros, fueron momentos con propósito. Como iglesia pentecostal tenemos que hacer conciencia, de que hacer ruido solo para ser estruendosos, hará que los vecinos se alejen de nosotros.

40. No te afanes por ser un gran personaje, preocúpate por ser un siervo fiel. Tanto en **Lucas 12:37**, como en **Mateo 25:21**, se habla de recompensar a siervos fieles, no a grandes líderes. Eres un líder sobresaliente, pero no eres fiel, no tendrás recompensa. No eres un líder sobresaliente, y estás detrás de las cortinas, pero ahí eres fiel, tú serás sentado a la mesa y serás servido por el mismo Señor.

CAPÍTULO 2
Segunda Semana

Un compromiso con la efectividad

Nuestro Dios nos está llamando a ser efectivos, a avanzar, a no vivir bajo dependencia de otros, en sentido de poder interpretar su Palabra, Él quiere que podamos madurar y alcanzar aquello por lo cual emprendimos el viaje. Para ello se hace necesario saber oír y obedecer la voz de Dios en todas sus formas: En sueños, en las Escrituras, entre otras. Esto proyectará en nosotros: Una clara señal de madurez espiritual. Pablo le dijo a Tito: *Por esta causa te dejé en Creta, para que corrigieses lo deficiente, y establecieses ancianos en cada ciudad, así como yo te mandé.* **Tito 1:5.**

Superando las deficiencias

41. Los primeros cristianos no querían "arrebatarle" nada al enemigo, ni "conquistar" ningún territorio. Lo único que estos anhelaban, era compartir lo que habían recibido de parte de Dios. Diferente al cristiano de hoy, que lo que quiere es ese "arrebatar y conquistar". Los primeros tuvieron gran éxito en conquistar su territorio, los segundos estamos perdiendo terreno a medida que pasan los años ¿Por qué será? Que Dios nos de entendimiento en lo referente y que podamos superar las deficiencias a tiempo.

42. Dios tuvo una visión: la de salvar al mundo. Al analizar los pasos de Jesús, mientras esta visión se desarrollaba, notamos que era inclusiva, no excluyente. De las primeras cosas que hace el Maestro, es la de reclutar a otros. Al ver las características de estos primeros hombres y mujeres soldados de Jesucristo, vemos que no había exclusividad. Ellos eran personas sin nombre, sin letra, algunos con un testimonio cuestionable como la mujer samaritana. Toda visión que etiqueta y excluye, es diferente a aquella que terminará, o más bien comenzará, en la cruz del calvario... Aléjate de toda visión que excluye, y únete a la visión de Dios.

43. "Los vecinos del norte nos miran por encima del hombro, y lo mismo hacemos nosotros con los del sur", y así sucesivamente. ¿Y qué hacen aquellos que están en lo último de la cadena de discriminación etno-económica? Humillarse entre ellos mismos. El racismo y el sentirse superior, es algo inherente en el hombre caído y sin Dios. Sin embargo, aquellos que decimos ser el cuerpo de Cristo en la tierra, debemos salirnos de ese sistema de cosas. Los miembros de la iglesia de Dios, no somos del norte, ni del sur, somos ciudadanos del Reino de los Cielos.

44. He visto la irresponsabilidad disfrazada de indignación, y a la falta de amor levantar la bandera de la santidad (…) ¡Cuánta ironía!

45. En las primeras comunidades cristianas, no había megas iglesias, ni súper-apóstoles con súper-programas, ni súper-campañas. No obstante, hicieron que el mundo se arrodillara ante el mensaje de Cristo. Es impresionante ver que hoy tenemos todo eso, y el mundo cada vez cree menos en Jesús.

46. Enorme diferencia: Mientras las primeras comunidades cristianas presentaron un desapego por las propiedades, y un desarraigo de sus tierras; los neo apóstoles y sus seguidores, presentan un desmedido anhelo por las megas propiedades y un conquistar su territorio. Es que la manera de comunicar el mensaje de hoy permite un cristianismo pomposo y estacionario.

Si pudieras dar un paso de fe

47. Romanos 1:17: *"Porque en el evangelio la justicia de Dios se revela por fe y para fe, como está escrito el justo por la fe vivirá."* Esta última frase es un eco de **Habacuc 4:2.** Ahora bien, en esta Escritura se pone la fe como la contraposición de un alma torcida, cuya persona se llena de orgullo. En el evangelio, uno sale desde la fe, para llegar a la fe. En otras palabras, aquí el orgullo, la autosuficiencia, no tiene lugar: se debe acomodar o espiritual, con lo espiritual.

48. El Abram del **Capítulo 15 de Génesis**, se parece mucho a nosotros: está temeroso, Dios necesitó decirle: "no temas"; y vemos que está desesperanzado por no tener prole, y Dios llega a prometerle una gran descendencia. Es en lo que sigue que la mayoría de los seres humanos se diferencian de Abram, dice el **Verso 6**: "y creyó a Jehová". Todos somos como el Abram de **Génesis 15** con nuestros temores, vacíos y necesidades personales, pero no todos somos como Abraham a la hora de creer y dar el paso de fe.

49. A propósito de mayordomía: el primer mayordomo citado en la Biblia, lo fue Eliezer, **Génesis 15:2.** Este siervo, administrador de los bienes de Abraham, fue un buen mayordomo digno de imitar. No solo cuidó de las cosas materiales del patriarca, sino que también trabajó con excelencia a favor de Isaac. En **Génesis 24**, pone un esmero especial y una confianza tremenda en Jehová para buscarle esposa al heredero, tal y como se lo había prometido a

Abraham. Si leíste el verso de **Génesis 15:2**, te das cuenta que, si Isaac no hubiera existido, este siervo iba a ser el único beneficiario de todo cuanto Abraham poseía. Sin embargo, Eliezer trabajó siempre sin recelos y con excelencia a favor de Isaac. ¿Dónde están esos mayordomos, capaces de trabajar sin envidia ni avaricia, solo con el deseo de agradar a su Señor? Dios ponga en nosotros el deseo de ser como este primer mayordomo: fieles al Hijo en todo momento y circunstancia.

50. En base a **Mateo 13:** cuídate del enemigo, no permitas que él se robe la Palabra que Dios siembra en ti. Cuídate de ser como aquellos que no tienen raíz, no permitas que las pruebas te consuman. Y, cuídate de los afanes de la vida, no permitas que el perseguir las cosas materiales te alejen de Dios y de tu familia. Que seas de aquellos, en los cuales la Palabra de Dios producirá frutos en abundancia, recuerda que el asunto aquí se trata de ser efectivos para nuestro Dios y Padre.

Más que una señal

51. En **San Juan capítulo 6**, Jesús tuvo un conflicto con las multitudes. Allí, el Maestro confrontó a las masas porque lo buscaban por los beneficios que él les daba, en este caso, el pan con el que se saciaron el hambre. Esta represión por parte de Jesús demuestra claramente que su propósito principal no eran las señales. Y este es mi problema con el neo-pentecostalismo: yo no creo que las señales sean un fin en sí mismas. Las señales tienen que ser usadas tal y como lo hizo Cristo: una campanada para atraer a las personas, para luego confrontarlas con la verdad del evangelio. ¿Cuál verdad? Que Cristo es el verdadero pan que descendió del cielo. Buscar las señales de Cristo, sin aceptar a Cristo, es contrario al mensaje del evangelio. En el mismo sentido, si atraes a las multitudes, y luego de tenerlas ahí, no las confrontas con el mensaje evangélico, eso es apartarse del ejemplo que nos dio el Salvador. **San Juan 6**, nos enseña que el propósito de Cristo no era poseer multitudes, sino llevar a las personas a la verdad del evangelio.

52. Cuando una iglesia es más pequeña que su líder, deja de ser el cuerpo de Cristo, para convertirse en algún otro tipo de organización. La suma de las partes de la verdadera iglesia siempre sobrepasará a cualquiera de quienes la dirigen. Aunque un pastor es alguien que sobresale por su papel de guía, la verdad es que él o ella existen gracias a la iglesia (sin ella ¿A quién va a liderar?). Como el ministerio de Moisés no tenía sentido sin el Qajal, así tampoco el de Cristo sin su Ekklesia. Por eso, de las primeras cosas que hizo el Maestro fue comenzar a reunir a quienes la conformarían. Y al partir, la dejó a ella en Su lugar. En tal sentido, ella representa a Cristo, por eso ningún líder puede ser superior a la iglesia. Toda persona que se siente por encima de la iglesia, está diciendo que es más grande que Cristo; un gran error evidentemente en el que muchos han caído, ya que lastimosamente sus obras hablan por ellos mismos.

53. Mientras Jesús les decía a las personas: *"tu fe te ha sanado"* (**Marcos 5:34**); los seudos-taumaturgos de hoy dicen: "mi unción ha producido tu milagro". La diferencia es clara, mientras el primero no deseaba nada de parte del bendecido, los segundos sí buscan algún tipo de prebenda. Esto es, fama, posición o dinero, reflexiona en no caer en esta trampa mortal.

54. Prestemos atención a este antiguo himno de la iglesia primitiva, porque es Palabra fresca de Dios para nuestros tiempos: *"...Sino que se despojó a sí mismo, tomando forma de siervo, hecho* *semejante a los hombres; y estando en la condición de hombre, se humilló a sí mismo, haciéndose obediente hasta la muerte, y muerte de cruz..."* **Filipenses 2:7-8.**

1. Hay que despojarse de todo aquello que desagrada a Dios.

2. Hay que ser un siervo de Dios, de la familia y de la iglesia, y de todos aquellos quienes nos necesiten.

3. Hay que dejar el orgullo, no esperar que Dios o la vida misma nos humillen. (Existen personas que solo se quebrantan cuando llegan las desgracias a sus vidas, tal y como le pasó a Nabucodonosor)

4. Hay que ser obediente a Dios, no como Jonás que tomó un rumbo diferente tratando de huir de su llamado. Esto puso en peligro a todos los que viajaban con él, además, lo hizo descender a las profundidades. Así están muchos en este tiempo, hundidos en lo más bajo, todo por la desobediencia al Creador ¿Ves? Este antiguo himno es Palabra fresca para el hombre de hoy.

Que tu honra sea permanente

55. *"Delante de las canas te levantarás, y honrarás el rostro del anciano, y de tu Dios tendrás temor: Yo Jehová."* **Levítico 19:32.** "La composición de la población mundial ha cambiado de manera espectacular en los últimos decenios. En la actualidad, casi 700 millones de personas son mayores de 60 años. Para 2050, las personas de 60 años o más serán 2.000 millones, esto es, más del 20% de la población mundial." En tal virtud, las naciones, al celebrar el día mundial del adulto mayor, se han propuesto promover los derechos y preferencias de estos. Toda iglesia local debería cada 1ro. De octubre, celebrar a sus adultos mayores (65+).

Queremos que ellos sientan que respetamos sus derechos y valoramos sus preferencias. Aunque una iglesia esté compuesta mayormente por niños, jóvenes adolescentes y jóvenes adultos, también se le debería de dar su lugar a los adultos mayores.

Es interesante que en el mismo versículo que nos manda a honrar al anciano, nos manda a temer a Jehová. Esto solo significa una cosa: el honrar a los ancianos es un mandamiento para todos los tiempos.

56. Para ti pastor: **2 Timoteo 4:16**, bien pudiera ser titulado "la soledad del apostolado". Pablo abre su corazón, y revela el dolor que siente al mirar a su alrededor y ver a pocos apoyándole. La vida del ministro es como un viaje de autobús, en donde existen constantes paradas, en cada una de ellas se bajan algunos pasajeros, pero otros suben. Sin embargo, habrá personas que nunca, nunca dejarán el bus (como Timoteo con Pablo). En medio de tanta desolación, el apóstol sabía a quién llamar, él podía contar con su hijo espiritual en cualquier momento.

Amado ministro, no te enfoques en aquellos que te desamparan como Demas lo hizo con Pablo **(2 Tim. 4:10)**. *Mejor, alégrate con aquellos "Timoteos" que siempre estarán a tu lado. Pues, al final lo importante es lo que dice Pablo en el verso 17: ...el Señor estuvo a mi lado, y me dio fuerzas, para que por mí fuese cumplida la predicación... Más que los "Demas (aquellos que nos abandonan)" y los "Timoteos (que siempre están ahí para nosotros)"*, lo importante es que Dios está a nuestro lado, dándonos fuerza para que la Palabra siga fluyendo. Pastor, si entiendes esto, la famosa "soledad del ministerio", en nada te dañará.

El mensaje realmente necesario

57. "En Nueva York predican prácticamente, sobre todo, tan solo hay un tema que no tratan o que, de hacerlo, es tan rara vez que hasta el momento no he podido escucharlo, es el evangelio de Jesucristo, la cruz, el pecado y el perdón, la muerte y la vida". Eso lo dijo Dietrich Bonhoeffer, cuando vivió un año en Estados Unidos, 1930-1931. A pesar de que hace tanto tiempo, parece que está hablando de gran parte del púlpito cristiano de hoy en día. Se trata de impresionar tanto, y de decir tantas cosas nuevas que emocionen a las masas, que ya parece como si el verdadero mensaje del evangelio no tiene cabida entre ellos. Sin embargo, el gran teólogo encontró que entre los afroamericanos sí se estaba predicando en aquel entonces, el mensaje central del evangelio de Jesucristo. Siempre habrá personas que se preocupen por dar la Palabra, a pesar de lo que las masas quieran o no quieran escuchar.

58. Pablo dejó a Trófimo enfermo en Mileto **(2 Timoteo 4:19)**, oró tres veces por una enfermedad propia que no sanó **(2 Corintios 12:8)**. Le predicó a Félix, a Festo, y a muchos otros que nunca se convirtieron. Es frente a cosas de ese tipo que hacen incrédulo a muchos, que la fe de Pablo se ejercitaba. Y frente a situaciones así le surgieron las siguientes palabras: *"Y sabemos que a los que aman a Dios, todas las cosas les ayudan a bien, esto es, a los que conforme a su propósito son llamados. Porque a los que antes conoció, también los predestinó para que fuesen hechos conformes a la imagen de su Hijo, para que él sea el primogénito entre muchos hermanos. Y a los que predestinó, a éstos también llamó; y a los que llamó, a éstos también justificó; y a los que justificó, a éstos también glorificó. ¿Qué, pues, diremos a esto? Si Dios es por nosotros, ¿quién contra nosotros? El que no escatimó* *ni a su propio Hijo, sino que lo entregó por todos nosotros, ¿cómo no nos dará también con él todas las cosas?*

¿Quién acusará a los escogidos de Dios? Dios es el que justifica. ¿Quién es el que condenará? Cristo es el que murió; más aún, el que también resucitó, el que además está a la diestra de Dios, el que también intercede por nosotros. ¿Quién nos separará del amor de Cristo? ¿Tribulación, o angustia, o persecución, o hambre, o desnudez, o peligro, o espada? Como está escrito: Por causa de ti somos muertos todo el tiempo; Somos contados como ovejas de matadero. Antes, en todas estas cosas somos más que vencedores por medio de aquel que nos amó. Por lo cual estoy seguro de que ni la muerte, ni la vida, ni ángeles, ni principados, ni potestades, ni lo presente, ni lo por venir, ni lo alto, ni lo profundo, ni ninguna otra cosa creada nos podrá separar del amor de Dios, que es en Cristo Jesús Señor nuestro" (Romanos 8: 28-38).

No te estanques en aquellas cosas que pides a Dios y que todavía Él no ha realizado, sigue confiando como lo hizo el apóstol Pablo.

59. Existen diferentes listas de consejos, en el sentido de cuáles actitudes y acciones se deben tomar para agradar al patrón o jefe en el trabajo. De hecho, hay muchas personas que se preocupan de seguir al pie de la letra dichos consejos.

¿Existirá alguna lista parecida a aquella que nos ayude a agradar a Dios? Creo que la que aparece en **Efesios 4:25 al 32** es una muy buena. Ahí veo siete consejos para tener una vida nueva que agrade al Señor:

1. No hables mentiras

2. Controla tu enojo

3. Respeta lo ajeno

4. Cuida tu lenguaje

5. No entristezcas al Espíritu Santo

6. Mantén una actitud positiva

7. Se bueno con los demás

Así que, está bien el comportarse adecuadamente para agradar el patrón, pero algo mejor todavía, es estar complaciendo a aquel que te da la vida para que puedas tener ese empleo.

Dios es el centro de todo

60. Todos los pueblos, de una manera u otra presentan actitudes etnocentristas. "El etnocentrismo es un sistema ideológico a través del cual el individuo analiza el mundo de acuerdo con los parámetros de su propia realidad. El etnocentrismo suele implicar la creencia de que el grupo étnico propio es el más importante, o que algunos o todos los aspectos de la cultura propia sean superiores a los de otras culturas." El etnocentrismo hace incapaz a la persona de poder disfrutar de las diferencias culturales, siempre tratando de que todas las demás se amolden a la suya propia.

Lo mismo sucede a nivel eclesial, hay quienes tienen a su congragación como la medida perfecta de predicación y adoración. Esto los lleva a poner dicha iglesia por encima de las demás, cayendo a veces en una especie de "igle-latría o igle-centrismo". Debemos amar, respetar y ser fieles a nuestras respectivas congregaciones, pero a la misma vez, debemos ser capaces de valorar las diferentes maneras en que otras congregaciones hermanas adoran al Señor.

Muchos han caído en el error de aquella mujer de **San Juan 4**, que junto a los demás samaritanos y judíos por igual, se debatían en cuanto la forma y lugar en que se debía adorar a Dios. Entonces, Jesús terminó con esa discusión de la manera siguiente: *"Mujer, créeme; la hora viene cuando ni en este monte ni en Jerusalén adoraréis al Padre...Mas la hora viene, y ahora es, cuando los verdaderos adoradores adorarán al Padre en espíritu y en verdad; porque también el Padre tales adoradores busca que le adoren."* Ni nuestra nación, ni nuestra congregación, solo Dios es el centro: *Mirad a mí, y sed salvos, todos los términos de la tierra, porque yo soy Dios, y no hay más.* **Isaías 45:22.**

61. Dios ha hablado de muchas maneras, así lo dice **Hebreos 1: 1ª.** En el mismo sentido, **Isaías 1: 2ª** hace la siguiente declaración: *"Oíd, cielos, y escucha tú, tierra; porque habla Jehová..." Queda claro que Dios continúa hablando hasta el día de hoy (a través de Su Palabra, a través de la naturaleza [Salmo 19], entre otras maneras), creo también que el hombre percibe ese multiforme hablar del Señor. ¿Qué sucede entonces, por qué este mundo va tan mal? La respuesta está en Job 33:14: "Sin embargo, en una o en dos maneras habla Dios; Pero el hombre no entiende."* Hay que abrir los oídos espirituales para escuchar, entender y obedecer el hablar de Dios.

62. Muchos hemos admirado a Justo González, y después de escuchar a su esposa Katherine, a ella también la reconocemos como una mujer muy preparada. Aquí comparto algo de sus escritos: en el mundo cristiano existen: ""batallas cúlticas", en las que un bando insiste en una forma de adoración y otro en otra

forma, al punto que acaban por no poder adorar juntos. Y no falta quien diga que su forma de culto es la única que es aceptable a Dios, porque es más bíblica, o porque se fundamenta en el culto de Israel, o por cualquier otra razón.

En medio de tales luchas, [cabe señalar algo muy importante], que bien puede sorprendernos (…) Es que, estrictamente hablando, ninguna forma de culto es intrínsecamente aceptable ante Dios. El Creador acepta nuestro culto, no porque sea bueno, ni porque sea correcto, ni porque sea sincero, ni porque sea bello, ni siquiera porque sea bíblico. Dios acepta nuestro culto de igual modo que nos acepta a nosotros mismos, por pura gracia." (Katherine "Lecciones del Culto Antiguo").

Tener mentoría no es una autodependencia

63. "El Arte de ser un Mentor". Una frase importante en este libro es: "los líderes no estamos aquí para construir nuestros propios reinos". Dicha frase nos lleva a pensar en Dios como el centro de Su obra, de quien es y siempre debe ser toda nuestra dependencia. Él es eterno, su obra también, así que, hay que pensar en quienes han de relevarnos. En este mismo sentido, me gustó como la autora, al hablar de "tiempo de crecimiento", se centra en la mentoría. Pienso que es una realidad, que en este camino es imposible madurar, sin tener a una o varias personas influyendo positivamente en cada creyente. Son muchas las cosas que tratan de desanimar al prospecto, pero estos mentores inyectan nuevos bríos y así la persona sigue adelante.

Por eso son tan importantes los mentores, porque son transmisores de ánimo. Siendo este, un elemento imprescindible para no detenerse en el camino. Dios nos ayude a darle prioridad a la hermosa tarea de la mentoría.

64. Toda enseñanza que aleje a Cristo del primer lugar, es falsa doctrina. La Carta a los **Hebreos**, es un material bastante interesante. Básicamente, el autor está enseñándole a sus destinatarios, que Jesús es más grande que todo lo que ellos tenían en mente como sublime. Él es mucho más que los ángeles **(1:4)**. Digno de más gloria que Moisés, el cual fue un siervo, pero él es el Hijo fiel **(3:3-6)**. Más excelso que Aarón, por cuanto Jesús es sumo sacerdote según el orden de Melquisedec, mucho antes que aquel primer sumo- sacerdote hebreo.

Pero, además, mucho más poderoso, por cuanto el sumo sacerdote tenía que ofrecer sacrificio cada año, mientras él con una sola ofrenda lo logró de una vez y para siempre **(Hebreos 5:1-6)**. Hacia el cierre de la carta hace el siguiente llamado: "No os dejéis llevar por doctrinas diversas y extrañas" **(13:9)**. ¿Por qué? Porque el centro del evangelio no son los ángeles, ni los súper héroes de la fe como Moisés, ni los grandes ministros como Aarón, sino Cristo y Su obra.

65. ¿Por qué tener devocionales? "Para muchas personas de nuestros días la palabra devocional significa etéreo, alejado del mundo, irrelevante; para otros, implica sentimentalismo, superficialidad, en el enfrentar las duras realidades de la vida. Sin embargo, lo cierto es que, los verdaderos escritos devocionales no tienen nada que ver con los malentendidos modernos. Por el contrario, estos aspiran a transformar la personalidad humana. Tocan el corazón, se dirigen a la voluntad, moldean la mente.

Convocan a una formación radical del carácter, inculcan hábitos santos". Por eso, es una necesidad para el creyente separar tiempo diariamente para leer, meditar y orar, todo con el propósito firme de sintonizar nuestras vidas con Dios. En la siguiente dirección electrónica, tienes un buen resumen de cómo comenzar y qué hacer para realizar esa cita con Dios cada día:

http://resources4discipleship.com/mediafiles/Cómo-empezar-el-tiempo-devocional.pdf

66. Nosotros, como personas que llevamos la Palabra de Dios a los demás, necesitábamos estar conscientes no sólo de cómo está la espiritualidad de nuestras comunidades, sino también de conocer nuestra propia condición. Además, hay que estar conscientes de que por encima de todos nosotros hay un Dios santo, el cual está tratando de purificar tanto al pecador, como a sus propios predicadores. Justo cuando Isaías fue consciente de su situación espiritual, y su iniquidad fue quitada, entonces pudo decir: *"heme aquí, envíame a mí!"* **Isaías 6:8.**

67. En algo Hegel tenía razón: somos el resultado del desarrollo de una larga historia. No venimos de la nada, la sociedad de Los Ángeles, por ejemplo, es el resultado de un mosaico diverso y complejo del accionar de muchos pueblos distintos, a lo largo de siglos y siglos. ¿Cómo pregonar la fe en lugares así? En mucho, a parte del proselitismo, tiene que ver el ejemplo de vida y el actuar compasivo a favor de los más necesitados. **1 Pedro 2:12 dice:** *"Mantened entre los gentiles una conducta irreprochable, a fin de que en aquello que os calumnian como malhechores, ellos, por razón de vuestras buenas obras, al considerarlas, glorifiquen a Dios en el día de la visitación".*

Hoy estamos haciendo la historia del mañana, dejemos un buen testimonio para bendición de creyentes y no creyentes.

El amor sí que todo lo puede

68. "Sin amor, las montañas son inaccesibles, los mares son imposibles de cruzar, los desiertos son insoportables y las dificultades son lo más grave en nuestra vida. El apóstol cristiano a los gentiles, Pablo, exaltó el amor cuando enseñó que todas las realizaciones humanas que no están motivadas por el amor son, en definitiva, vacías." Gary Chapman, en su libro: "Los Cinco Lenguajes del Amor", no solo enseña sobre la importancia del amor, sino la manera en que ese amor deber ser expresado.

Muchos han fracasado en el matrimonio, simplemente por no haber conocido la manera correcta, y las acciones pertinentes, a la hora de mostrar el amor que se sentían hacia su cónyuge. No todo el mundo percibe el amor de la misma forma, pon empeño en conocer cuál es esa manera en la que tu pareja se siente amada. Con el amor fluyendo libremente en el hogar, las montañas son accesibles, los mares se pueden cruzar, los desiertos se soportan y las dificultades ya no son tan graves.

69. ¿Por qué tantos padres fuera del hogar? En los inicios del mundo romano, gracias al "Pater Familias", el padre era una figura de absoluto poder. Era tanta su autoridad, que, al nacer un hijo o hija, él tenía el derecho de la vida o muerte sobre esa criatura. Además, era el único que podía comprar o vender, en pocas palabras, era el único dueño de los bienes familiares. Para nada estamos de acuerdo con ese antiguo mundo, de hecho, el cristianismo fue lo que le dio el golpe de gracia a tanta crueldad en el actuar de aquella sociedad. Sin embargo, algo que sí era positivo, el hecho de que el hombre en el hogar era un ser responsable y con autoridad. Hoy en día, existen muchos hombres que dejan en los hombros de sus esposas, responsabilidades que a ellos les corresponde.

Creo que estamos viviendo el otro extremo del "Pater Familias": de tener toda la autoridad, a no tener ninguna.

¿Por qué tantos padres fuera del hogar? Porque hay una distorsión en la familia posmoderna. Creo que el antídoto a toda esta distorsión, lo es **Efesios 5 y 6.** Allí se le asigna a cada miembro de la familia, sus funciones y deberes. Entre otras cosas, le dice al padre que él debe ser la fuente de nutrición y dirección correcta de la familia como cuerpo, al asignarlo como cabeza. ¡Es tiempo de actuar en el orden el que Dios nos ha llamado a hacerlo!

70. Tuve la dicha de tener más de un padre: Julio César Taveras, (que en paz descanse), me engendró; mi abuelo, Fernando Arturo Cabrera (que también está con el Señor), fue el primero en darme techo y comida; y, Rafael Antonio Parra, me crio desde que yo tenía tres años de edad. A todos ellos les agradezco, cada uno a la manera que pudo cooperó para que hoy yo tenga vida. Así de importante son los padres, por eso no en vano a Dios se le llama el Padre Celestial. Esto así, porque Él ha engendrado y criado todas las cosas.

1 Corintios 8: 6 *dice: "...para nosotros {hay} un solo Dios, el Padre, de quien proceden todas las cosas y nosotros somos para El; y un Señor, Jesucristo, por quien son todas las cosas y por medio del cual {existimos} nosotros." Y es hermosa la oración de* **Isaías 64:8:** *"Mas ahora, oh SEÑOR, tú eres nuestro Padre, nosotros el barro, y tú nuestro alfarero; obra de tus manos somos todos nosotros."*

Esto es más que dicha, es por Gracia que podemos llamar Padre al Creador de todas las cosas.

Que Jesús sea tu modelo para liderar

71. Muchos líderes, dentro y mayormente fuera del cristianismo, no han tomado el ejemplo de la forma de liderar de Cristo. No han entendido, que para que exista la paz, hay que sembrar paz. Todo el que siembre odio y división, eso mismo cosechará. Sería bueno que, desde la Casa Blanca, hasta el más humilde ciudadano de este país (Ya que resido en USA), se calme, y cambien la retórica; de lo contrario, seguiremos viendo más actos de violencia de los que ya teníamos.

¿Mostrará debilidad el líder que hable de paz y unidad? No, Cristo venció todos sus enemigos, sin nunca haber tomado una espada en su mano. Gandhi (No hay camino para la paz, la paz es el camino); Martin Luther King (Hemos aprendido a volar como los pájaros, a nadar como los peces; pero no hemos aprendido el sencillo arte de vivir como hermanos); y Cesar Chávez (Estoy convencido de que el verdadero acto de valentía, el acto más fuerte del hombre es sacrificarnos por los demás en una lucha totalmente no violenta por la justicia), ellos también ganaron sus respectivas luchas, a través de actos y discursos de paz. No más ataques, no más violencia, seamos como Cristo, quien se resistió hasta el final para no usar la violencia. Él dijo: **"... mi paz os dejo, mi paz os doy..."** **Recibamos la paz de Cristo.**

72. Se tiene la cifra, de que más 200 millones de niños son víctimas de trabajo infantil. Unimos nuestra voz en contra de esta maldad, que un niño no sea educado, y le sea quitado su relajado tiempo de infancia para ponerlo a trabajar es una desgracia. Cada etapa de la vida tiene sus propios quehaceres, y el de la niñez es solo para que su mente se instruya, en la medida que su cuerpo crece y se fortalece. "La infancia es una etapa maravillosa. No hay pasado, no hay futuro; sólo un presente que se mira con inocencia e ilusión". Cuando esa inocencia e ilusión son quitadas, cargándolos con responsabilidades de adultos, se comete un grave error. Por eso, los derechos de los niños son: "gozar de salud, disfrutar del descanso y el juego, tener una familia, un nombre y una nacionalidad.

Entre los puntos más importantes, sin embargo, se encuentra la libertad de pensamiento y expresión y la protección contra la explotación infantil." El punto es, que los que son niños hoy, serán los adultos que tomarán las riendas del mundo mañana. "Los niños son el recurso más importante del mundo y la mejor esperanza para el futuro". De cómo sean educados hoy, dependerá mucho su comportamiento en ese futuro. Por eso, Jesús los exaltó, como se puede leer en Escrituras como **Marcos 10:13-16; Mateo 18:3, 5; Mateo 21:15-16**; entre otras. Los niños están para ser formados, no para ser explotados como medio de sustento financiero familiar.

Dios… El único ser excelso

73. Qué poderoso es cuando una persona sabe cuál es su propósito en la vida, pocas cosas le podrán perturbar a medida que avanza en las batallas normales de esta existencia. Por otro lado, cuán perdido se encuentra alguien que no conoce su lugar en este mundo. "En varias etapas de la vida y actividad de Jesús, Lucas muestra que tiene una profunda conciencia del papel único que va a tener en la historia de la salvación. Ya a la edad de doce años, cuando visita el templo, sabe que Dios es su Padre, que él es su Hijo y siervo y que su vida es el sendero por el que discurrirá la necesidad divina **(2,43.49).** Y al comienzo y al final de su ministerio, Jesús señala públicamente a sí mismo como Mesías **(4,18)** e Hijo de Dios **(20,13)"**. Por eso, en treinta y tres años de vida, vemos a Jesús dando pasos firmes, sin desviarse ni una sola vez. ¿Te perturbas fácilmente? ¿Dejas que lo que otros digan o hagan, te saquen de la agenda que ya tenías? Necesitas conocer quién eres y para qué estás aquí. Saber tu propósito de vida te hará una persona prácticamente imperturbable.

74. Unas palabras en base al libro "Moses", de Gerhard Von Rad. Todas las historias contadas alrededor de Moisés no son acerca de Moisés, sino de Dios. En otras palabras, las "historias de Moisés", dan testimonio de la grandeza de Dios. Son historias que honran, glorifican, exaltan la fidelidad, la paciencia y toda la grandeza no de Moisés, sino de Dios. En tal sentido, no es difícil para la Biblia presentar los profundos errores cometidos por hombres de Dios como Moisés. ¿Por qué? Porque, así como se presenta a Dios en toda su perfecta realidad, también se presenta al hombre en toda su condición humana.

Pensando en esto me pregunto ¿Cómo llegamos a un hacer iglesia, en donde queremos presentar a hombres y mujeres perfectos? Inmediatamente, un hombre o mujer de Dios se muestran tal y como son ante los demás, tienden a ser juzgados. Por eso, muchos ministros usan caretas para esconder su humanidad, y presentarse como ángeles bajados del cielo. El que fuera humano, no evitó que un hombre llamado Moisés llegara a hablar cara a cara con el Señor **(Ex. 33:11)**. Parece ser, que hemos llegado a creer que la historia que forjamos en cada congregación es acerca de nosotros, cuando realmente se trata de Él.

Así como el actor principal en el Antiguo Testamento no fue Moisés, así tampoco el personaje principal en la iglesia es el Todo lo que se pueda decir del ministro, sus aciertos y desaciertos, deben ser historias que exalten el hecho de que solo uno es el grande y perfecto, Dios.

75. "Si apartamos nuestra mirada de los hombres, y la fijamos sobre aquel Único Siervo fiel y perfecto, no le vemos nunca "mirar aquí y allá", por la sencilla razón de que sus ojos no se fijaron jamás sobre los hombres, sino siempre en Dios. Jesús no temió nunca la ira del hombre, ni procuró obtener su aprobación. Su boca nunca se abrió para alcanzar los aplausos de los hombres, ni jamás cerró sus labios para evitar sus críticas. Por esto todas sus palabras y acciones estaban impregnadas de santidad y de firmeza. Jesús es el único del cual se ha podido decir con verdad: *"su hoja no cae; y todo lo que hace prosperará"*. **(Salmo 1:3).** Todo lo que El hacía fue prosperado, porque hacía todas las cosas para Dios. Todos sus hechos, sus palabras, sus miradas y sus pensamientos se parecían a un hermoso ramillete de frutos hecho para regocijar el corazón de Dios, y cuyo perfume ascendía hasta su trono. Jamás tuvo temor alguno en cuanto al resultado de su obra, porque El obraba siempre con Dios y para Dios, y en completo acuerdo con sus planes." C. H. MACKINTOSH

¡Basta ya de tanto terrorismo!

76. Oremos por ellos. A propósito de los esporádicos, pero más frecuentes ataques terroristas en Francia, es interesante ver que un antecedente histórico del terrorismo, son los zelotes. Inclusive, "algunos historiadores los consideran como uno de los primeros grupos terroristas de la historia ya que utilizaban el homicidio de civiles que a su entender colaboraban con el gobierno romano, para disuadir a otros de hacer lo mismo..." Estos, eran todo lo opuesto a los publicanos. Mientras que los zelotes eran enemigos a muerte del imperio romano, los publicanos hasta servían a favor de los conquistadores en diversas áreas, en detrimento del pueblo de Israel. Esa era la causa, por la que los zelotes eran enemigos a muerte de los publicanos.

La manera en que los mataban era apuñalando con una daga pequeña la cual escondían en sus ropas. Mataban a civiles y cobradores de impuestos, en lugares público para crear terror, y a la vez para pasar desapercibidos entre la multitud. Más interesante aun, es saber que Jesús llama tanto a un publicano (**Mateo, Mt.10:3**), como a un Zelote (**Simón, Lucas 6:15**); para que junto a otros diez sean sus discípulos. Cristo fue capaz de sanar el odio de un Zelote, y colocarlo junto a un publicano, aquello fue una obra muy poderosa que pocos han podido considerar, ya que siempre se anda buscando milagros que sean más relevantes desde nuestro propio punto de vista. En base a esto, no debemos dejar de orar para que Dios obre en los corazones de los zelotes modernos (para el Señor todo es posible).

77. Estados Unidos ha abandonado el acuerdo global para proteger el planeta. La razón de la salida es sencilla: se necesita a un Estados Unidos sin menos restricciones para producir más dinero, para ser más competitivo económicamente hablando. ¿No es precisamente esa actitud la que nos ha traído hasta aquí? Claro que sí, el anhelar producir más y más, nos ha llevado a presionar tanto al planeta, que en todas partes se están pagando las consecuencias. Lugares en donde antes las personas caminaban, hoy andan en botes; lugares donde antes llovía constantemente, hoy se están convirtiendo en desiertos; glaciales en franca etapa de derretimiento; terremotos cada vez más intensos y con mayor frecuencia; y la lista sigue y sigue. El abandono de los acuerdos medioambientales con el propósito de producir más, favorece bastante al capitalismo, pero ¿En qué condición recibirán el planeta las siguientes generaciones? La respuesta es impredecible. De todas maneras, producto de decisiones como estas, harán necesario lo que profetiza la Palabra: *"cielo nuevo y una tierra nueva; porque el primer cielo y la primera tierra pasaron, y el mar ya no existía más".* **Apocalipsis 21:1.**

El fuego purificador

78. "La Ley de Moisés, es también llamada ley de fuego, porque fue dada de en medio del fuego. En sentido espiritual, puede también decirse de fuego, porque actúa como el fuego: si se recibe, derrite, calienta, purifica, y quema la escoria de corrupción; si se la rechaza, endurece, seca, atormenta y destruye. El Espíritu Santo descendió en lenguas como de fuego **(Hechos 2:3)**, porque el Evangelio es también un mensaje de fuego que calienta los corazones iluminados por la Palabra" (J. M.).

"El fuego se asocia a menudo en el Antiguo Testamento con la presencia de Dios **(Éxodo 3:2; 13:21-22; 24:17; Isaías 10:17)** y con Su santidad **(Salmo 97:3; Malaquías 3:2)**. Asimismo, en el Nuevo Testamento, el fuego es asociado con la presencia de Dios **(Hebreos 12:29)** y la purificación que Él puede ocasionar en la vida humana **(Apocalipsis 3:18)**. La presencia y la santidad de Dios están implícitas en las lenguas de fuego de Pentecostés. De hecho, el fuego es identificado con Cristo Mismo **(Apocalipsis 1:14; 19:12)**; esta asociación naturalmente subyace en el Pentecostés, el Espíritu Santo, que enseñaría a los discípulos las cosas de Cristo **(Juan 16:14)**" (GQM).

79. La riqueza del Espíritu Santo es infinita por tratarse de una persona divina. Es cierto que, en cuanto "espíritu", se escapa de nuestro conocimiento que procede de manera sensorial. El "espíritu" se escapa de los sentidos. Y por si eso fuera poco, está detrás el misterio insondable de Dios. El Espíritu Santo es misterio divino, es un fuego extraordinario que quema hasta purificar nuestro ser, pero que se deja sentir por sus actos, por sus efectos que, aunque invisibles, son realísimos, dado que Dios es la suprema realidad. El hombre y la mujer que está sellado por el Espíritu, quemará constantemente las escorias que vengan a sus vidas.

80. Dado que el Espíritu es intangible, invisible, la misma Escritura habla de su presencia con símbolos como el agua, el viento y el fuego. Cualquiera de ellos sería riquísimo para comentar, pero vengo concentrándome en estas reflexiones solamente en el fuego. Juan Bautista habla de Jesús como el que *"bautizará con Espíritu Santo y fuego"* (**Mt 3,11**). Y esta promesa se cumple en Pentecostés: *"Aparecieron lenguas como de fuego... Todos quedaron llenos de Espíritu Santo"* (**Hechos 2, 3**). También la palabra de Jesús: *"He venido a traer fuego sobre la tierra"* (**Lucas 12, 49**) se refiere al don del Espíritu.

Pero, ¿cuál es el sentido del fuego en la Biblia? Si bien podemos encontrar varios sentidos: ilumina, calienta, inflama, etc., hay un sentido que destaca sobre todos: el fuego purifica. Es verdad que también el agua purifica, pero el agua purifica solamente por fuera, mientras que el fuego purifica de una manera radical, hasta lo más profundo. El profeta Malaquías habla de la obra del Mesías como *"fuego de fundidor (...) refinará los hijos de Leví"* (**Malaquías 3: 2**). También Isaías: *"Te purificaré de escorias en el crisol"* (**Isaías 1: 25**). Te invito a abrir tu corazón al fuego de Dios.

CAPÍTULO 3
Tercera Semana

La importancia de un pentecostés

En el Antiguo Testamento, el día de Pentecostés era una celebración que se celebraba 50 días después de la festividad judía de la Pascua (**Levítico 23:16, Éxodo 34:22**). En el Nuevo Testamento, en el día de Pentecostés después de la muerte y resurrección de Jesucristo, el Espíritu Santo vino poderosamente sobre Sus discípulos, permitiéndoles hablar en idiomas extranjeros (a veces llamadas «lenguas») que no habían estudiado, y proclaman el Evangelio con valentía a los reunidos en Jerusalén para la fiesta de Pentecostés (**Hechos 2**). Los eventos relatados en el día de Pentecostés en **Hechos 2** tienen varias implicaciones importantes para los cristianos de hoy.

¡Necesitas un Pentecostés!

81. Todo varón judío, estaba llamado a participar de tres grandes festividades: "la festividad de la Pascua y los siete días de los Panes sin Levadura son las primeras. Esto es en conmemoración del día en que Israel salió de Egipto, bajo la dirección Moisés en camino hacia la tierra prometida. La segunda festividad, Pentecostés, o fiesta de la siega, conmemora la entrega de la ley en el monte Sinaí; el día en que el fuego de Dios bajó sobre el monte y Dios habló a todo el pueblo. La tercera festividad, la de los

Tabernáculos o cosecha, conmemora dos cosas: 1) la construcción del Tabernáculo en el desierto y 2) el tiempo en que Israel estaba supuesto cruzar el Jordán para entrar a la Tierra Prometida.

Estas fiestas fueron establecidas para recordar ciertas experiencias claves en la vida de la nación" (GKM). Así como hubo una primera pascua, en Egipto; así también hubo una segunda, cuando Cristo fue el cordero sacrificado. Y de la misma manera que hubo una primera presencia física de Dios, con demostración de fuego y temblor en el Sinaí; así también hubo una segunda manifestación visible con fuego y temblor también, esto fue en el Aposento Alto.

82. Hablemos de las características, según **Hechos 2**, que presentó aquella primera comunidad cristiana que vivió el inicio del Pentecostés. Vamos a presentar cinco, esta es la 1: Unánimes-juntos (V.1). La Biblia señala que la iglesia naciente practicaba la unidad: **Hechos 1:14**, dice que estaban unánimes en la oración. **Hechos 2:46**, enseña que estaban unánimes cada día en el templo, en el partimiento del pan, y en el compartir alimentos. Más adelante, en las cartas de Pablo, hay un llamado constante a que mantengan esa unidad: **Romanos 12:16 y 15:6.**

También, en **Filipenses 1:27** manda a que la iglesia combata unánimes a favor de la fe. Y en **Filipenses 2:2**, llega hasta decir, que cuando ellos estén unánimes, entonces completarán su gozo. Así que, esta unidad, es la primera característica que presenta **Hechos 2**, como una de las condiciones que tenía esa primera comunidad que experimentó la presencia del Espíritu Santo.

Así que, "Cualquier poder si no se basa en la unión, es débil". Por lo que, la unidad ha sido muy preciada en el cristianismo desde el principio (de ahí que haya sufrido tantos ataques). Es que el Maestro había dicho:*"una casa dividida contra sí misma no permanece"*; entonces, ¿Por qué tanta división entre nosotros? Es una paradoja, que mientras más sectario sea el ministerio de alguien, más manifestación del Espíritu quiere exhibir. La Biblia desenmascara ese accionar, ya que aquella primera manifestación de la tercera persona de la Trinidad, fue en medio de una unidad total. Es la relación verdadera de un pentecostés, estar unidos hasta que descienda el poder, el fuego purificador.

83. Número 2: Se llena toda la casa con el Espíritu Santo **(Hechos 2:2).** Lo segundo que vemos, en el nacimiento del pentecostalismo, fue que *"toda la casa se llenó"* de la presencia del Espíritu de Dios. La casa era el lugar en donde ellos habían estado habitando en oración, en espera de algo que realmente no estaban seguro de qué era. Esa casa llena de esa presencia de Dios nos hace pensar en un ambiente espiritual. De eso se trata el pueblo de Dios: una comunidad depositaria de la presencia del Eterno aquí en la tierra.

En el Monte Sinaí Dios fue a tener una cita con su pueblo, Israel. El tabernáculo, donde moraba el arca del pacto (símbolo de la presencia de Dios), no estaba en medio de ningún otro pueblo, sino de Israel. El deseo del Creador siempre ha sido llenar el espacio donde mora su pueblo (…) ¿Con quién o de qué se llena tu iglesia? Avivemos esta característica del pentecostalismo: la casa llena de Su Presencia… Creo que es el pentecostés que la gente que dice servir a Dios ahora necesita.

84. Veamos el **número 3**: La bendición se asentó sobre cada uno de ellos. El resultado de la unidad, y de la llenura de aquel lugar con el Espíritu Santo, fue que cada uno (sin excepción), recibió sobre sí la señal visible de aquella presencia. Con esta primera manifestación, se demuestra que no es para unos pocos dentro de la comunidad, sino que es para todos. Muchas veces se quiere confundir los géneros de lenguas que aparece en **1 Corintios 12:10**, con el hablar en lenguas como señal de haber recibido el bautismo del Espíritu Santo (son dos cosas diferentes).

Esta generalidad en el recibir el Espíritu Santo, fue confirmada por Pedro en este mismo **capítulo 2 de los Hechos, versos 38-39:** *"Arrepentíos, y bautícese cada uno de vosotros en el nombre de Jesucristo para perdón de los pecados; y recibiréis el don del Espíritu Santo. Porque para vosotros es la promesa, y para vuestros hijos, y para todos los que están lejos; para cuantos el Señor nuestro Dios llamare."* La diferencia es que, en el Aposento Alto, todos estaban en disposición, mientras que hoy en día no es así. Debemos animarnos a fomentar esta tercera característica del inicio del pentecostalismo: "todos", sin excepción, experimentando la presencia del Espíritu Santo.

85. 4: La confusión. **El Verso 6 de Hechos 2**, nos habla acerca de la gran confusión que se levantó entre aquellos que no experimentaron la manifestación, pero que sí vieron los efectos de ella. Hasta el día de hoy, los que oyen las lenguas, pero no las experimentan, se confunden. Tanto así, que todo el **capítulo 14 de 1 Corintios**, es para enseñar a la iglesia a ser equilibrada a la hora de darle libertad a dicha manifestación. Esto, con el objetivo de que la Palabra sea entendida por los amigos que visitan el servicio. Es lógico, que, si todo el culto fuera en lenguas espirituales, no habría forma de que estos aceptaran a Cristo. Entonces, con miedo a la confusión, muchos toman este **capítulo 14 de 1 Corintios**, como una excusa para prohibir el hablar en lenguas. Sin embargo, está claro que Pablo no persigue tal cosa, y el **verso 18** es la prueba *("Doy gracias a Dios que hablo en lenguas más que todos vosotros")*.

Volviendo a **Hechos 2**, podemos ver que la confusión y el alboroto, en aquellos que no experimentaron la manifestación del Espíritu Santo, no fue un obstáculo. Todo lo contrario, todo aquel desconcierto en los testigos sirvió para que con curiosidad se acercaran y recibieran el mensaje de Pedro. En aquel día, la iglesia tuvo su primer gran cosecha. El Pentecostés entonces, nos habla de hacer ruido, de no pasar desapercibidos en donde estamos. Sin embargo, y como aprendemos de aquel inicio del Pentecostés, toda este ruido y confusión no son para división, contienda o destrucción. Todo lo contrario, es impactar las vidas con cosas que no conocen, atraerlos y salvarlos.

86. 5. Predicación poderosa. Esta es la última característica, que en base a **Hechos 2**, quisiera señalar acerca de la primera experiencia Pentecostal. Algo en lo que fallaron los hermanos en Corinto, fue que quisieron abusar de la manifestación del Espíritu. Este abuso consistió en querer apropiarse del hablar en lenguas, como una mera manera de gozarse durante los servicios. En este mismo error hemos caído muchos pentecostales. Hay que leer todo el **capítulo 2 de los Hechos**, para darnos cuenta de cuál es el verdadero propósito de esta manifestación. El Espíritu Santo, vino para investir a la iglesia de poder para el servicio. Así como el cuerpo humano tiene vida porque posee un espíritu, igualmente la iglesia está viva porque el Espíritu está con y en nosotros.

Esta vida de la iglesia no es primariamente para realizar servicios dentro de nuestras cuatro paredes y gozarnos, sino que la tarea número uno nos la muestra el accionar de Pedro: salir, y hablar con denuedo acerca de Cristo. En este mismo sentido termino recordando que, "Celebrar Pentecostés es reconocer la presencia del Espíritu de Dios, que le da vida a nuestra vida: "El Espíritu Santo es la vitalidad de la vida, de la existencia, de la fe: es la posibilidad de que Dios siga siendo para nosotros vida y no memoria, esperanza y no nostalgia, sorpresa y no costumbre, acontecimiento y no repetición". (H. M.)"

Si das honra, honra recibirás

87. Señor, "ayúdame a honrar a mis padres de manera correcta. Que siempre recuerde que de la misma forma en que yo los trato, podría ser también tratado algún día" (Oración de Peter Scazzero). ¿Por qué será que muchas personas hacen sus vidas, olvidando sus viejos (quienes abnegadamente los criaron)? ¿No es esa, una gran ingratitud? Yo creo que no en vano, el cuarto mandamiento es el primero en tener una promesa de bendición **(Efesios 6:2)**. Este mandamiento dice: ***"Honra a tu padre y a tu madre, para que tus días sean alargados en la tierra que Jehová tu Dios te da (Éxodo 20:12)."***

Si Dios le dio tanta importancia a esta relación hijos- padres, es porque El entiende lo saludable que es. No te olvides de quién te engendró, dio a luz y crio. encuentra el camino de regreso a ellos, porque es el camino de la paz cuando ellos ya no estén. Haz la oración de Peter Scazzero, y esfuérzate en ello, nuca olvides que las cosas que siembres, eso mismo cosecharás, así como trataste tú también serás tratado.

No busques lo que eres con las cosas del mundo

88. Siendo que Israel no puede identificarse con ninguna otra nación, debe buscar su identidad en otro lado. De hecho, Israel es elegido y toda Canaán rechazada, así que esas naciones cananeas se convierten en un anti- modelo para ella. Hacia donde quiera que Israel mire, no puede ver un buen ejemplo. Así que, a la nación elegida le quedó un solo camino: buscar su identidad en Jehová. A

Israel le costó mucho ese camino, ya que la presión de parecerse a las demás naciones fue muy fuerte. Por esa razón, llega el momento en que piden rey como las demás naciones, adoran a Baal como las demás naciones, levantan altares en lugares altos como las demás naciones, y la lista sigue y sigue.

La iglesia del Señor está viviendo el mismo drama, y en muchas ocasiones se siente que al igual que Israel, se le está haciendo muy difícil encontrar su identidad únicamente en Dios. Como cuerpo de Cristo, necesitamos hacer una prioridad de nuestra identidad en Dios. De lo contrario, al igual que Israel, buscaremos la respuesta a quiénes somos, en el mundo pagano.

89. Durkeim, el padre de la sociología de la religión demostró que los asuntos de fe son objetivos (no subjetivos). Dijo él: todas las culturas, de todas las épocas, han practicado algún tipo de creencia. Esta última aseveración, es la prueba de que existe algo más allá del hombre, pues es imposible tanta coincidencia. Y es que, para creer en Dios, solo basta ver la creación, sin los lentes de las mentiras modernas acerca de su formación. La Palabra dice: *"Los cielos cuentan la gloria de Dios, y el firmamento anuncia la obra de sus manos"* (**Salmos 19:1**). Sin embargo, entendemos que cuando se quiere vivir en pecado, es mejor sacar a Dios de la ecuación. Esto así, porque la realidad de Dios demanda rendición de cuentas. **Romanos 1:20** lo dice de esta manera: *"Porque las cosas invisibles de él, su eterno poder y deidad, se hacen claramente visibles desde la creación del mundo, siendo entendidas por medio de las cosas hechas, de modo que no tienen excusa."* Te invito a creer en Jesús, a creer a Su Palabra que es la Biblia, y a congregarte con otros que practiquen la verdadera fe.

90. El **Salmo 114**, es titulado por muchas versiones bíblicas como "Las Maravillas del Éxodo". Sin embargo, yo pienso que debe llamarse las maravillas de Dios. Es un cántico que tiene a Jehová como centro (como debe de ser). No es Moisés, ni ninguna otra persona de entre el pueblo el autor de los poderes exhibidos en el Éxodo. ¿Quién abrió el mar, quién detuvo las aguas del río Jordán, quién hizo temblar los montes, y quién hizo brotar agua de la peña? **El verso 7** contesta estas preguntas de la siguiente manera: *"A la presencia de Jehová tiembla la tierra, a la presencia del Dios de Jacob".* Vamos a imitar al autor del **Salmo 114**, pongamos a Dios en el lugar que le corresponde: Él es el centro, Él es el autor de cada milagro.

El corrupto no tiene amigos, tiene cómplices

91. Un tema primario hoy en día, es el de la corrupción. En la Biblia es común escuchar esta palabra asociada con el pueblo, así como con sus dirigentes. Encontramos a **Malaquías 2:7-9** que dice lo siguiente: *"Porque los labios del sacerdote han de guardar la sabiduría, y de su boca el pueblo buscará la ley; porque mensajero es de Jehová de los ejércitos. Mas vosotros os habéis apartado del camino; habéis hecho tropezar a muchos en la ley; habéis corrompido el pacto de Leví, dice Jehová de los ejércitos..."* El término griego aquí es "diafthora", que significa corrupción, todo lo contrario de "adiafthoria", que es integridad.

La corrupción existe en todos los niveles, el problema es que. cuando se corrompen los de arriba, el pueblo "tropieza". Esto quiere decir, que los de abajo sufren destrucción. En el momento y lugar en que se escribe Malaquías, los sacerdotes no eran unos simples líderes religiosos, eran dirigentes del pueblo en todo el sentido de la palabra. Un mal manejo en los asuntos de la ley de

Dios impactaba en todas las áreas del pueblo: en lo político, lo económico y lo social también. Aunque vivimos en sociedades en donde la iglesia y el Estado están separados, la corrupción de los dirigentes en ambos lados es devastadora.

Así como el pueblo muere literalmente, por la falta de hospitales, escuelas, etc., como consecuencia de la corrupción, así también la gente en la iglesia muere espiritualmente cuando sus "sacerdotes" están corrompidos. Oremos por más integridad en todos los líderes, tanto dentro como fuera de la iglesia del Señor, si nos hacemos amigo del que practica la corrupción, venimos a ser cómplices de sus hechos.

92. El Día Internacional de la Diversidad Biológica, coincide con el homenaje de Google a Richard Oakes. Este fue un nativo americano, el cual murió por lo que vivió: defendiendo los derechos y mejores tratos para los de su "raza". A pesar de que en la iglesia del Señor todavía existe el racismo, la verdad es que, la Palabra enseña que la salvación es igualmente para todos. La Biblia lo dice de esta manera:

"Vi volar por en medio del cielo a otro ángel, que tenía el evangelio eterno para predicarlo a los moradores de la tierra, a toda nación, tribu, lengua y pueblo" **(Apocalipsis 14:6)**.

Así mismo debe ser la iglesia de Dios a todos los niveles: una comunidad que acepta y promueve la diversidad. Al fin y al cabo, como dijo alguien: "La humanidad no está formada por grandes y pequeñas razas… solo existe una raza, la humana". En palabras de un científico suena así: "Las razas no existen, ni biológicamente ni científicamente. Lo hombres por su origen común, pertenecen al mismo repertorio genético. Las variaciones que podemos constatar no son el resultado de genes diferentes, si de razas se tratara, hay una sola raza: la humana".

Así que, en el mundo mineral, animal y vegetal hay una gran diversidad biológica, pero en cuanto a lo humano se refiere, Dios creó a una sola raza: todos descendemos de unos mismos padres, Adán y Eva. Igualmente, Cristo pagó el mismo precio por la salvación de cada uno de nosotros. No hubo una sangre especial para los blancos, o para los de color; se pagó la misma sangre para todos. Amamos la diversidad en la biología, al mismo tiempo que reconocemos la unicidad en la raza humana.

93. En el primer día de la creación, lo primero que vino a la vida producto de la voz de Dios, fue la luz **(Génesis 1:3)**. Esta no aparece como el resultado de ningún astro, sino como una criatura independiente a todo, con vida propia. ¡Qué poderosa es la luz! Dicha palabra es luego utilizada por toda la Biblia, para ilustrar ciertas verdades: por ejemplo, El **Salmo 97:11** dice que ella es para los justos: *"Luz está sembrada para el justo, y alegría para los rectos de corazón."* Esto así, porque la luz es sinónimo de bendición de prosperidad de Dios, de bienaventuranza. En el libro de Job lo dice de esta manera: *"Orarás a él, y él te oirá; y tú pagarás tus votos. Determinarás asimismo una cosa, y te será firme, y sobre tus caminos resplandecerá luz."* 22:27- 29.

Así que, la luz es asociada a toda gran bendición. En ese sentido, un día glorioso sobre la tierra, fue el día en que Jesús comenzó a predicar el evangelio. Ese momento fue descrito de esta manera: *"El pueblo asentado en tinieblas vio gran luz; y a los asentados en región de sombra de muerte, Luz les resplandeció"* **(Mateo 4:16).**

No hay bendición, ni prosperidad más grande, que la de recibir el mensaje predicado por Cristo. Solo ese día, en que recibas a Cristo como tu Salvador, podrás decir que la luz llegó a tu vida. El llamado es a salir de las tinieblas del mundo, y venir a la luz del Señor. Es mi oración, que esa primera creación de la voz de Dios resplandezca sobre ti y los tuyos.

94. El cántico de Moisés: **(Éxodo 15:1-19)**, es una poesía hermosa, es una manera en la que se liberan las ideas que gobiernan las mentes del pueblo, a la hora de adorarlo por todo su cuidado y liberación. "El poema proporciona ahora la respuesta de fe del pueblo, que ha experimentado su liberación de los egipcios junto al mar" (B. Ch). Esta poesía es hecha canción, en dicho canto el centro es Jehová, El merece toda la gloria por lo sucedido. Lo que todos debemos aprendedor de estas palabras de Moisés, es que lo que Dios hace por nosotros nadie más lo puede hacer: *"¿Quién como tú, oh Jehová, entre los dioses? ¿Quién como tú, magnífico en santidad, terrible en maravillosas hazañas, hacedor de prodigios?"* **(V. 11).** El cántico de Moisés nos enseña que Dios debe ser alabado y reconocido de esta manera: es el único agente de salvación, nadie más puede liberar como Él lo hace.

No te ates a una vida de esclavitud

95. Jeremías 8:30: *"En aquel día afirma el Señor Todopoderoso, quebraré el yugo que mi pueblo lleva sobre el cuello, romperé sus ataduras, y ya no serán esclavos de extranjeros."* La historia del pueblo de Dios es una historia de un círculo sin fin de esclavitud y liberación. El pueblo se ata, y Dios lo desata. El pueblo se mete en problemas, y ahí va Dios a sacarlos del hoyo. Es tiempo de aceptar la palabra de **Jeremías 8:30:** *"...y ya no serán esclavos..."*. Acepta la liberación de Dios, y quédate libre para Su gloria.

96. Dos cosas con relación a la Homofobia y la Transfobia: 1ro. La posición de nosotros los cristianos contra la homosexualidad no es homofobia, es obediencia a la Palabra de Dios. "Sucede que la sociedad en que vivimos se orienta por sofismas y presupuestos que están en oposición al designio de Dios." Uno de esos sofismas es el hecho de que personas del mismo sexo pueden casarse y crear una familia como algo normal. Pues no lo es, y no lo es sencillamente porque el autor del matrimonio y la familia es Dios, y El nunca bendijo una unión así.

Por el contrario, existen Escrituras que condenan el estilo de vida homosexual: **Génesis 19:1-11, Levíticos 18:22; Levíticos 20:13; Deuteronomio 23:17; Jueces 19: 16-24; 1 Reyes 14:24; 1 Reyes 15:11-12; 1 Reyes 22: 43, 46; 2 Reyes 23:3,7; Romanos 1:26-27; 1 Corintios 6:9; 1 Timoteo 1:9-10; Judas 7.** Y en 2do. lugar, no es homofobia, porque la misma Palabra expresa que Dios ama al pecador (aunque aborrece el pecado): **San Juan 3:16; Romanos 5:8;** y desea su arrepentimiento para salvación: **Mateo 9:10-13; Lucas 15:7; 1 Timoteo 1:15; Santiago 4:8**; entre otras. Queda aclarado entonces que no es homofobia destructiva, sino amor de Dios para salvación.

97. La fe marca la diferencia. Es más fácil mirar al pasado que al futuro, esto así porque el pasado ya ocurrió y dejó huellas, mientras que el futuro siempre está adelante entre dudas y penumbras (de ahí tantas personas atadas en su pasado). Es por eso que se necesita la fe, es ella la que nos ayuda a olvidar lo que queda atrás y a extendernos hacia lo que está por delante. Sin ella es imposible agradar a Dios, y es lógico, sin fe nos quedamos atorados en el pasado y nos volvemos pesimistas en cuanto al futuro; y una mente así, jamás complacerá al Señor. ¿Estás lidiando con malos recuerdos del ayer? Aférrate a la fe para que estos no duelan más. ¿Crees que no hay nada para ti en el futuro? Aprópiate de la fe, y siempre tendrás esperanza de un mejor porvenir. Tener fe hace la diferencia: nos hace gente libre del pasado y positivos en cuanto al futuro.

98. Es paradójico que habiendo padres, madres, hermanos, etc., la palabra familia se derive "de famulus («siervo»), en su origen significaba el conjunto de esclavos de una casa." Se supone que los menos importantes en una casa eran los esclavos, y, sin embargo, gracias a ellos hoy usamos la palabra familia. Creo que el mundo sería diferente, si todos nos consideráramos familia, hijos de un mismo Padre; sin importar nuestro estatus social. A la misma vez, mejoraríamos bastante como raza humana, si cada elemento de la familia prestara más atención y cuidado a los que están en casa.

Hoy en día tenemos tantos hombres mirando hacia fuera de su hogar, esposas igualmente distraídas, todo esto deja a los hijos en un abandono emocional peligroso. Por tal motivo, un llamado a todos: concentrémonos en cuidar a los de casa, con eso tendremos mejores familias, mejores iglesias, y mejores comunidades en general. Efesios 5 tiene la clave para todo esto: **1ro.** *"Las casadas estén sujetas a sus propios maridos."* **2do.** *"Maridos, amad a vuestras mujeres".* **3ro.** *"Hijos, obedeced en el Señor a vuestros padres".* Y en 4to lugar, y como señal de que los esclavos eran parte integral de la casa, también a ellos les llama a ser obedientes. Pablo sabía, de que si en la casa todo funcionaba como se debe, así iría también la sociedad.

99. El amor de una madre abnegada es lo que más se parece al amor de Dios. En clara confirmación a esta declaración, el mismo Señor dice: "¿Puede una esposa olvidarse de su niño de pecho, de modo que no tenga piedad al hijo de su vientre? Hasta estas mujeres pueden olvidar; no obstante, yo mismo no me olvidaré de ti" **(Isaías 49:15).** Todos los que tenemos a nuestra madrecita viva cuidémosla, porque aquellos que la han perdido darían lo que fuera por volver el tiempo atrás. Ustedes que están en esa condición, consuélense en sus recuerdos y en sus buenos consejos.

100. No huyas: "Jesucristo vivió en medio de sus enemigos y, al final también fue abandonado por todos sus discípulos. Se encontró en la cruz solo, rodeado de malhechores y blasfemos. Había venido para traer la paz a los enemigos de Dios. Por esta razón, el lugar de la vida del cristiano no es la soledad del claustro, sino el campamento mismo del enemigo. Ahí está su misión y su tarea. «El reino de Jesucristo debe ser edificado en medio de tus enemigos.

Quien rechaza esto renuncia a formar parte de este reino, y prefiere vivir rodeado de amigos, entre rosas y lirios, lejos de los malvados, en un círculo de gente piadosa. ¿No veis que así blasfemáis y traicionáis a Cristo?". Si eres cristianos no huyas, párate firme y edifica el reino de Dios ahí donde estás.

El poder de la verdad

101. La verdad es algo muy poderoso, el que la encuentra es capaz de morir por ella. "En el Antiguo Testamento emét, emuná significa fidelidad, la 'realidad de la fidelidad de Dios'… El verbo amar significa 'confirmar', 'estar firme'. Es una cualidad de Dios. De esa misma raíz filológica tenemos el adjetivo Amen, que significa 'válido, lleno o rico en confianza o seguridad'. Este es también un mandamiento divino a los seres humanos. Podríamos hablarla **(Salmo 15:2)**, procurarla. Se nos llama a "andar en ella". Es una bendición enorme que Jesús revelara que él es la verdad **(S. Juan 14:6)**. Es por eso que hombres tan dubitativos como Tomás, una vez experimentaron la verdad, fueron trasformados y murieron por ella.

102. ¿Estás mostrando la paz de Cristo a los que te rodean? Hoy más que nunca el pueblo de Dios tiene que modelar la paz que posee. "Las dos parábolas acerca del "tesoro escondido" y la "perla de gran valor" declaran la prioridad y el valor de la búsqueda y los trabajos por la causa del Reino, tanto como el gozo que envuelve su descubrimiento. El gozo es lo opuesto a la derrota y la desesperación. Revela paz y libertad, la voluntad bienaventurada de Dios para con toda la humanidad. En un mundo amenazado por la guerra nuclear, donde la diabólica bomba neutrónica es capaz de destrozar en minutos ciudades inmensas y hasta muchos kilómetros en derredor a toda vida humana, animal o vegetal mientras quedan intactos los edificios" (Beatriz M. C.), el pueblo de Dios debe modelar paz... Dicha paz que recibimos cuando Jesús dijo: *"la paz os dejo, mi paz os doy; yo no os la doy como el mundo la da. No se turbe vuestro corazón, ni tenga miedo."* **(San Juan 14:27).**

103. "Debemos orar fijando nuestra mente en alguna necesidad apremiante, deseándola de todo corazón y ejercitando luego fe y confianza en Dios en este asunto, sin dudar nunca que hemos sido oídos. San Bernardo dijo: "Queridos hermanos, nunca deben dudar de su oración pensando que podría haber sido en vano, porque en verdad les digo que antes de que hayan pronunciado las palabras, la oración ha sido ya anotada en el cielo. Por consiguiente, deben esperar confiadamente de Dios una de dos casas: que su oración les será concedida, o que, si no es concedida, el otorgamiento de ella no sería bueno para ustedes" (Devocionales Clásicos).

104. Un llamado que se hizo hace mucho tiempo: *"Apacentad la grey de Dios que está entre vosotros, cuidando de ella, no por fuerza, sino voluntariamente; no por ganancia deshonesta, sino con ánimo pronto; no como teniendo señorío sobre los que están a vuestro cuidado, sino siendo ejemplos de la grey."*

1 Pedro 5:2-3.

La obediencia y la autoridad espiritual son, tal vez, los dos temas peor empleados y abusados en el mundo religioso... En nombre de la obediencia, se ha exigido las cosas más absurdas y se ha otorgado un poder ilegítimo e indebido a muchos líderes cristianos.

La resistencia que hoy encontramos al respecto es consecuencia de esos abusos…

La sed de poder y la necesidad de controlar la vida y el destino de los seres humanos son marcas distintivas del pecado original, que permanecen activas en las relaciones humanas. Martin Lutero afirmó: "El hombre cristiano es el señor más libre de todos, y no se somete a nadie; el hombre cristiano es el siervo más obediente de todos, y se somete a todos", la obediencia se encuentra en el centro de nuestra espiritualidad" (Barbosa). Pero por favor, un llamado a los líderes: no abusemos del poder y la autoridad que nuestro Dios y la iglesia nos ha dado.

105. *Vosotros sois la luz del mundo; una ciudad asentada sobre un monte no se puede esconder. Ni se enciende una luz y se pone debajo de un almud, sino sobre el candelero, y alumbra a todos los que están en casa. Así alumbre vuestra luz delante de los hombres, para que vean vuestras buenas obras, y glorifiquen a vuestro Padre que está en los cielos.* **Mateo 5: 14-16**

"Los latinoamericanos/latinos(as) hablamos algunas veces con cierto aire de orgullo cuando nos referimos al crecimiento fenomenal del cristianismo en América Latina y dentro de las denominaciones angloamericanas y europeas. Sin embargo, cuando cotejamos este éxito de la iglesia ante los desafíos que manifiestan los mismos contextos en los que este crecimiento se da, nos quedamos atónitos. Varios ejemplos vienen a mi mente. Muchos templos y coliseos están cundidos de multitudes, pero a sus alrededores las cárceles no ajustan para hospedar los nuevos criminales. Hoy hay más pobreza crónica que antes en las Américas: más ricos tienen más dinero y más pobres tienen más pobreza" (Dr. García Johnson). Aquí donde leímos Mateo nos invita a buscar la manera, de que nuestro cristianismo impacte más allá de nuestras paredes.

Se prudente en tu liderazgo

106. "Todos los líderes están sujetos a los peligros del pedestal del liderazgo. La autora Sandra Wilson escribe acerca de la seducción del "estilo de vida del pedestal." Los seguidores tienden a elevar los líderes y, por desgracia, los líderes tienden a alimentar esa imagen pública, dejando de lado las cuestiones más profundas de la vida íntima. A esta imagen pública la llamamos la imagen de pedestal. Este pedestal del liderazgo tiende a aislar a los líderes de las relaciones de rendición de cuentas y/o de permitirles una mentoría significativa. Conforme los líderes se mueven a niveles más altos de mayor influencia, aumenta también el aislamiento en el liderazgo. Los líderes se desconectan y aíslan especialmente de los mentores que podrían hablar directamente a sus vidas. Sin embargo, los líderes en todos los niveles de influencia necesitan del aporte de esos mentores." Frank D. Hankins.

107. "El pueblo de Israel, tanto en el recuento de la historia nacional como en la articulación de sus canticos y cultos, continuamente afirma esa convicción: Dios «conoce» sus angustias, afirma ese poder salvador y manifiesta ese compromiso con la gente en orfandad y necesidad. En las narraciones históricas, en la redacción de leyes, en los mensajes proféticos y en las expresiones poéticas y religiosas del pueblo se articula clara y continuamente la misma seguridad, y se revela con gran fuerza dramática la siguiente convicción: *Jehová, roca mía y castillo mío, mi libertador; Dios mío, fortaleza mía, en Él confiaré; Mi escudo y la fuerza de mi salvación, mi alto refugio"* **Salmos18:2.** (Samuel Pagán).

El bulling afecta a nuestros niños

108. Cada 2 de mayo se celebra el Día Mundial de la Lucha Contra el Bulling, en tal sentido es bueno recordar tres cosas:

1ro. Una característica de los hombres de los últimos tiempos sería su inclinación hacia la burla. **1 Pedro 3:3** dice *"sabiendo primero esto, que en los postreros días vendrán burladores, andando según sus propias concupiscencias"*. Aunque contextualmente esta burla va dirigida específicamente hacia mofarse de la venida de Cristo, no deja de ser significativo que es justamente la clase de personas que vemos hoy en día. Nos enfrentamos a personas que se regocijan en burlarse, no solo de la fe, sino de cualquier otra cosa, tales como discapacidades físicas, mentales, o cualquier otra triste condición humana (o simplemente porque esa persona es diferente).

2do. La burla le desagrada a Dios: los primeros burladores en la Biblia fueron los yernos de Lot, quienes se mofaron del anuncio de la destrucción de la ciudad. Por tal motivo, Dios nos los eligió para librarse del castigo, pereciendo ellos junto a todos los demás. Así mismo, fue por causa de una burla hacia el profeta Eliseo, que Jehová envió unos osos los cuales mataron a aquellos muchachos **(2 Reyes 2:23)**.

3ro. También de Jesús se burlaron: 1. Cuando dijo que aquella niña, a la cual velaban, no estaba muerta **(Mateo 9:24)**; cuando predicaba sus palabras, los fariseos se burlaron **(Lucas 16:13-15)**; cuando fue apresado, los hombres que lo vigilaban se burlaron de él **(Lucas 22:63)**; Cuando estaba en la cruz, se mofaron de él los gobernantes **(Lucas 23:35)**. En base a las tres cosas anteriormente dichas, se puede afirmar que la burla es un acto que desagrada a Dios, y desde ese punto de vista es un pecado.

Tristemente, así como en Israel había burladores, así en la iglesia del Señor también los hay (mucho cuidado con esa actitud dentro de la iglesia). Finalmente, hacemos la misma pregunta que hizo el sabio *"¿Hasta cuándo, oh simples, amaréis la simpleza, y los burladores desearán el burlar…?"* **(Proverbios 1:22)**.

Marquemos la diferencia dando amor y cuidado a aquellos que sufren de alguna discapacidad o simplemente son diferentes a nosotros, porque si a alguien afecta directamente la burla es a nuestros niños, crecen deformados de su carácter por haber sido víctimas de toda clase de bulling, tanto así que pueden caer en la depresión y posterior procurar el suicidio.

109. Practicar la fe en Dios en comunidad cristiana, es un gran antídoto contra el suicidio. Obviando las causas por enfermedades mentales o físicas, Emile Durkheim dijo una gran verdad: "el suicidio varía en proporción inversa al grado de integración del individuo en la comunidad religiosa, familiar y política". En la Biblia aparecen siete suicidios, todos ellos con una alta carga de lo social en ello. Es decir, en todos y cada uno de ellos, la forma en la que los suicidas se relacionaron con su sociedad tuvo que ver mucho en la fatídica decisión.

En resumen, lo que se puede ver de todo esto, es que el suicidio tiene diferentes causas, aunque al final es lo mismo: el suicida se quita la vida, porque no ve futuro para sí en este mundo. ¿Puede alguien que está bien con Dios, practicando sanamente su fe cristiana, cerrarse al futuro? No lo creo, la fe es algo que trae mucho positivismo al ser humano.

Todo aquel que entiende que Dios tiene el control, vivirá en paz en este mundo, esperando pacientemente la llegada del próximo sin apresurarlo. **Romanos 1:16-17**, dice que el evangelio es poder de Dios que salva, y luego te dice que *"el justo por la fe vivirá"*. La fe es algo que sostiene, que dará vida siempre en el futuro, siempre mirando positivamente hacia delante. ¿Tienes pensamientos suicidas? Toma la fe, y practícala en medio de una comunidad de creyentes en Cristo y verás la diferencia.

Dios está en control de todas las cosas

110. "La verdad central que Daniel le enseñó a Nabucodonosor en los **capítulos 2 y 4**, que le recordó a Belsasar en el **capítulo 5 (vv. 18-23)**, que Nabucodonosor reconoció en el **capítulo 4 (vv. 34-37)**, que fue, la base de las oraciones de Daniel en los **capítulos 2 y 9**, Y de su confianza para desafiar la autoridad en los **capítulos 1 y 6**, Y de la confianza de sus amigos al desafiar a la autoridad en el **capítulo 3**, que, además, formaba la sustancia principal de todas las revelaciones que Dios le dio a Daniel en los **capítulos 2, 4, 7, 8, 10 Y 11-12**, es la verdad de que "el Altísimo tiene dominio en el reino de los hombres" **(4:5, cf. 5:21).** Él sabe, y sabe anticipadamente, todas las cosas; y su conocimiento anticipado es predeterminación; por lo tanto, él tendrá la última palabra, tanto en lo que se refiere a la historia del mundo como al destino de cada hombre; su reino y su justicia han de triunfar finalmente, porque ni hombres ni ángeles podrán impedir el cumplimiento de sus planes." J. I. Packer.

111. Pablo se refirió a "otro evangelio", el cual es aquel contrario al de Jesucristo **(Ga. 1.6)**; hay que saber distinguir entre uno y otro. Mientras exista el verdadero evangelio, también existirá el falso. Esto así, porque el ser humano es un genio a la hora de reinventar el pecado y la mentira. Los falsos evangelios, solo cambian de nombre y de matiz con el paso del tiempo. Un distintivo para nuestra época del falso evangelio es su alta carga de marketing y de cultura del espectáculo. Ejemplo: aquella mega iglesia en Guatemala, con 10,000 miembros, cuyo líder "hacía llover oro".

El pastor cae en desgracia, y no queda una sola persona para sostener esa congregación; todos se dispersan. Eso te muestra, que aquello estaba basado en un marketing, en un espectáculo. La señal de que se está enseñando el verdadero evangelio, es que, a falta del líder, alguien más se levanta y la obra continúa. Por eso Pablo dice en el **verso 11:** *Mas os hago saber, hermanos, que el evangelio anunciado por mí no es según hombre.* Ese evangelio predicado por Pablo es el verdadero. El otro evangelio, que se mezcla con la ola de turno, debe ser descubierto y desechado por el pueblo de Dios.

Generación conflictiva

112. ¿Qué será de las próximas generaciones cristianas? "A Occidente le quedan una o dos generaciones para dejar de ser una civilización cristiana en cualquier sentido de la palabra. La descristianización de Europa y Norteamérica es una tendencia conocida, pero los últimos datos hablan de una aceleración considerable en este sentido." Esto dice un tal Carlos Esteban, a la vez que pone una foto de una iglesia católica vacía y abandonada. Aunque no estamos de acuerdo con tal pronunciación, la verdad es que cada vez son menos los espacios para la evangelización de los niños, quienes representan el presente y el futuro del cristianismo. Las iglesias se han concentrado en los adultos, quienes proveen de finanzas para sostener a los grandes ministerios, con sus grandes construcciones. Por eso soy un defensor hasta mi último respiro de la Escuela Dominical, porque no hay mejor lugar que ella para formar a Cristo en ellos.

La Escuela Dominical venía agonizando, cuando llegó la influencia fatal del neo pentecostalismo, asestándole el golpe de gracia. Por alguna razón, este movimiento desprecia aguerridamente este ministerio de enseñanza. Y si no avivamos la educación bíblica en nuestros niños y adolescentes, permitiremos que Occidente se descristianice, tal y como ha pasado en gran parte del viejo mundo. Allí, lo que fueron grandes templos cristianos, hoy son grandes museos para ser visitados por turistas que solo aprecian el arte que en ellos hay. En tal sentido ¿Qué clase de iglesia es la que estamos dejando para la próxima generación? Procura dejar huellas dignas de seguir, que podamos ser un ejemplo de amor y fe a esa generación naciente.

113. ¿En dónde está la esperanza humana? "La famosa frase de Federico Nietzsche: «Dios ha muerto», quería significar que la civilización tenía que dejar de sustentarse en ideales o esperanzas extraterrenas. Comenzaba allí el camino hacia el superhombre, la supervivencia de los más fuertes. Así habló Zaratustra: «Os enseño al superhombre. El hombre es algo que debe ser superado... ¿Qué es el mono para el hombre? ¡Irrisión y penosa vergüenza! Así también el hombre ha de ser para el superhombre vergüenza... Habéis evolucionado del gusano al hombre, y hay de vosotros todavía mucho de gusano.

El superhombre es el sentido de la tierra. El hombre es una cuerda tendida desde el animal y el superhombre, una cuerda tendida sobre un abismo»". Es precisamente a esta clase de persona a la que nos enfrentamos hoy, una generación que se cree por encima de todas las anteriores, una generación que se está pasando de la raya, así lo describe el libro de proverbios:

Hay generación que maldice a su padre Y a su madre no bendice. Hay generación limpia en su propia opinión, Si bien no se ha limpiado de su inmundicia. Hay generación cuyos ojos son altivos Y cuyos párpados están levantados en alto. Hay generación cuyos dientes son espadas, y sus muelas cuchillos, Para devorar a los pobres de la tierra, y a los menesterosos de entre los hombres. **Proverbios 30:11- 14.**

Hoy en día el mundo no tiene pastores, posee súper pastores, súper apóstoles, súper congregaciones, y, sin embargo, el mundo va de mal en peor. ¿Por qué? Porque ellos ponen sus esperanzas en sí mismos, sacando a Cristo de la ecuación. En contraposición a todo esto, la Palabra sigue diciendo: ***"Bendito el Dios y Padre de nuestro Señor Jesucristo, que según su grande misericordia nos hizo renacer para una esperanza viva, por la resurrección de Jesucristo de los muertos."*** (1Pedro 1:3). Es en Cristo: Su vida, muerte y resurrección, en la que debe basarse toda esperanza humana.

114. "Víctor Frankl dice que hoy el hombre «carece de un instinto que le diga lo que ha de hacer, y no tiene ya tradiciones que le indiquen lo que debe hacer: en ocasiones no sabe siquiera lo que le gustaría hacer. En su lugar, desea hacer lo que otras personas hacen (conformismo) o hace lo que otras personas quieren que haga (totalitarismo)... Este vacío existencial se manifiesta sobre todo en un estado de tedio". Para el apóstol Pablo la resurrección de Cristo le dio una razón de ser. El testifica con las siguientes palabras su motivación en la vida: *A fin de conocerle, y el poder de su resurrección, y la participación de sus padecimientos, llegando a ser semejante a él en su muerte, si en alguna manera llegase a la resurrección de entre los muertos. No que lo haya alcanzado ya, ni que ya sea perfecto; sino que prosigo, por ver si logro asir aquello para lo cual fui también asido por Cristo Jesús."* **Filipenses 3:10-12.**

Si no quieres ser uno más de esos que habla Victor Frankl, y quieres darle sentido a tu existencia, solo mira a Cristo. Su vida, muerte y resurrección son el ejemplo supremo a seguir.

115. La resurrección es el testimonio del Padre, de que en Jesús hombre, todos seremos juzgados. En la predicación de Pablo a Tesalónica, él dijo dos cosas importantísimas **(Hechos 17:31): 1ro.** Dios va a juzgar a todo el mundo a través de un hombre y **2do.** La prueba de que ese hombre es Jesús, lo fue la resurrección.

El verdadero Dios demostró a través de la resurrección, que Jesús es Su enviado. En el libro de Romanos el apóstol lo dice con estas palabras: *"acerca de su Hijo, nuestro Señor Jesucristo, que era del linaje de David según la carne, que fue declarado Hijo de Dios con poder, según el Espíritu de santidad, por la resurrección de entre los muertos"* **Romanos 1:3-4.**

¿De qué forma entonces seremos juzgados en Jesús? El mismo Maestro lo explicó en **San Juan 12:48** *"El que me rechaza, y no recibe mis palabras, tiene quien le juzgue; la palabra que he hablado, ella le juzgará en el día postrero."* Así que, la resurrección es la prueba de parte del Padre, de que Jesús es Su Hijo además de que es aquel a través del cual todos seremos juzgados: unos para perdición, otros para salvación.

116. A propósito del Día Mundial del Libro, hay que destacar que "con tres mil 900 millones de copias, "La Biblia" ocupa el primer sitio de los 10 libros más vendidos y leídos en los últimos 50 años en el mundo". "La palabra Biblia proviene de las palabras griega y latina que significan "libros", un nombre muy apropiado, puesto que la Biblia es el libro para toda la gente de todos los tiempos. Es un libro como no hay otro, único en su clase." En un día como hoy, es bueno recordar la historia de Walter Scott: "Cuando este renombrado escritor escocés (1771-1832) estaba postrado en su lecho y a punto de morir, le dijo a su yerno: "Tráeme el Libro". Pero como Scott tenía veinte mil volúmenes en su biblioteca, el yerno quedó confundido. De modo que le preguntó: "¿Cuál libro?, señor". El famoso autor de novelas históricas respondió: "No hay nada más que un libro: la Biblia"."

117. A propósito del Día de la Tierra. Es bueno señalar que el hombre no es dueño del planeta, Dios es el dueño de la tierra y su plenitud **(Salmo 24:1)**. El hombre solamente es un administrador **(Génesis 1:28)**, por tal razón, algún día tendremos que rendir cuentas ante el dueño acerca de la manera en la que sojuzgamos o ejercimos dicha autoridad.

Una de las primeras veces (quizás la primera vez), que la iglesia predicó el mensaje de la resurrección, lo fue en el sermón de Pedro. Allí magistralmente, un Pedro lleno del Espíritu Santo le demuestra al pueblo que las palabras acerca de resurrección del "patriarca David", no se referían a David mismo, sino a Cristo **(Hechos 2:29-36)**. A partir de ese momento, la gran seguridad, el gran estandarte de la comunidad cristiana, lo fue la predicación basada en la vida, muerte y resurrección de Jesucristo.

Esta clase de predicación impregnó el corazón del mensajero y luego llegó hasta el pueblo, el cual solo pudo responder ¿Ahora qué haremos? **(2:37)**. Ante tal pregunta, Pedro responde directamente: *"...Arrepentíos, y bautícese cada uno de vosotros en el nombre de Jesucristo para perdón de los pecados; y recibiréis el don del Espíritu Santo"* **(2:38)**. Esto del arrepentimiento, es la meta de toda predicación verdaderamente cristiana. ¿Cuáles son los temas, y cuáles las metas, de los púlpitos evangélicos en nuestro tiempo? Ese primer sermón multitudinario de la iglesia fue cristo-céntrico totalmente, en búsqueda de un arrepentimiento genuino. Ante este mensaje 100% cristo-céntrico del apóstol Pedro, nos queda una pregunta en mente: ¿En estos tiempos postmodernos, ¿cuánto de Cristo contiene la predicación cristiana actual?

Somos peregrinos en este mundo

118. A propósito de la resurrección de Cristo y los inmigrantes. *1 Pedro 1:1: Pedro, apóstol de Jesucristo, a los expatriados... 3 Bendito el Dios y Padre de nuestro Señor Jesucristo, que según su grande misericordia nos hizo renacer para una esperanza viva, por la resurrección de Jesucristo de los muertos, 4 para una herencia incorruptible, incontaminada e inmarcesible, reservada en los cielos para vosotros."* unas palabras claves en la Carta de Pedro es *"Paroikos y parepídemos"*, que se traducen como *"extranjeros y forasteros"* **(2:11)**. De esta manera, el apóstol Pedro les ministraba a miles de cristianos que vivían fuera de sus patrias, habiendo emigrado desde otras partes del mundo. Y es que una de las cosas más devastadoras es la de sentirse lejos de casa en tierra hostil. A ellos el Espíritu Santo les dice por medio de Pedro, que, gracias a la resurrección, nosotros tenemos una invaluable herencia en la patria celestial.

Aunque la nación o el Estado donde vives te ignore, tienes que mantener la esperanza viva de que eres un ciudadano del reino de Dios. Aunque a la vista de los que gobiernan seas tenido como nada, la verdad es que gracias a la resurrección tú eres *"linaje escogido, real sacerdocio, nación santa, pueblo adquirido por Dios" (2:9 a). Y todo tiene su propósito, tú fuiste trasplantado de tierra para que ahí donde estás, anunciéis las virtudes de aquel que te llamó de las tinieblas a su luz admirable (2:9 b).* La resurrección de Jesucristo nos da un sentido de pertenencia, somos Su pueblo no importa el país en donde vivamos.

119. ¿Cómo deshacernos de esta naturaleza pecaminosa? ¿Cómo ascender hasta Dios? La resurrección de Cristo nos demuestra que existe un mundo mejor que este que hoy experimentamos, invitándonos a desarrollar la vida interior que nos lleva hacia lo espiritual. Pienso que ese fue el gran ejemplo de Jesucristo, el cual vino en carne para vencer al pecado como hombre. Así nos mostró el camino a seguir.

Es decir, el camino del ayuno, sin caer en el ascetismo fanático; de la oración, si cae en el misticismo; de la santidad, sin caer en la arrogancia espiritual; de la predicación, basada en la Palabra ya dicha, sin traer un camino diferente al ya establecido. Aceptando este ejemplo, y poniéndolo en práctica, podremos vencer el pecado que habita en nosotros.

El arma que todos deberían usar

Estamos sin dudas inmersos en tiempos de guerras y rumores de guerras, y es notorio que cada nación lucha por estar armada con los mejores

y más sofisticados equipos armamentísticos, esto nos mantiene en plena incertidumbre a los que componemos la sociedad, y muy en especial a aquellos que vivimos en naciones emblemáticas. Me refiero a esas naciones que continuamente luchan por mantener la hegemonía sobre las demás potencias. Olvidando ellos, los gobernantes esta poderosa reflexión que nos da el libro de **Eclesiastés 8:9**, la cual expondré en dos versiones bíblicas: *Todo esto he visto, y he puesto mi corazón en toda obra que se hace bajo el sol, cuando el hombre domina a otro hombre para su mal. NBLH.*

He reflexionado mucho acerca de todo lo que ocurre bajo el sol, donde las personas tienen poder para herirse unas a otras. NTV.

Siguiendo al compa de mis reflexiones, aquí sigo exponiendo mis criterios sobre lo que sería necesario hacer para contrarrestar todos estos males:

La paz mi arma poderosa

120. "Cuando me preguntaron sobre algún arma capaz de contrarrestar el poder de la bomba atómica, yo sugerí la mejor de todas: La paz." Albert Einstein, fue alguien que supo muy bien cómo funcionaba su mundo y más allá. Además de la frase primera, él dijo algo más sobre aquella poderosa arma: "El problema del hombre no está en la bomba atómica, sino en su corazón." ¿Por qué no se usa la bomba más poderosa de todas que es la paz? Simplemente porque esta no existe en el corazón del hombre sin Dios, y no se puede dar lo que no se posee.

Es por eso que, en la primera reunión con sus discípulos durante sus apariciones de cuarenta días, el Cristo resucitado les dijo: *"...Paz a vosotros. Y cuando les hubo dicho esto, les mostró las manos y el costado. Y los discípulos se regocijaron viendo al Señor. Entonces Jesús les dijo otra vez: Paz a vosotros... (Juan 20:19-21)"* La verdadera paz, la más poderosa de todas las armas, solamente la reciben los que permiten que Jesús habite en medio de ellos. Y nunca, pero nunca olvidemos que esta valiosísima arma Jesús la dejó a nuestro alcance, cuando dijo: *La paz os dejo, mi paz os doy; yo no os la doy como el mundo la da. No se turbe vuestro corazón, ni tenga miedo. Juan 14:27.*

121. Hechos 1:2 nos habla de los cuarenta días, muchas veces subestimados, de las apariciones del Jesús resucitado. Dos cosas en cuanto a esta Escritura:

1ro. "Pruebas indubitables": era esencial que todos sus seguidores estuvieran seguros de que el Cristo crucificado, había resucitado. Pero, ¿por qué? Porque a ellos testificarían acerca del gran acontecimiento. Mientras ellos recibieron sus pruebas indubitables, nosotros también recibimos la nuestra. ¿Cuál? El registro histórico del cambio de actitud de estos simples seres humanos. Sin la resurrección, fuera inexplicable por qué ellos sufrieron tan resignadamente la pérdida de sus bienes materiales, y aun sus propias vidas. Familias enteras no se dejarían matar por mantener una mentira, sin lugar a dudas, ellos tuvieron una experiencia sobrenatural que los transformó.

2do. La vida, muerte, y resurrección de Cristo, es el mensaje evangélico. Jesús no se predica a sí mismo, ni siquiera en su condición de glorificado. Cristo fue constante en su obediencia al Padre, él no se auto exalta, es el Padre quien lo exalta dándole un nombre que es sobre todo nombre. Aplicaciones: **1.** Todo creyente debe estar cien por ciento seguro de que Cristo resucitó de entre los muertos, no puede haber una sombra de duda entre nosotros. **2.** Los creyentes, siguiendo el ejemplo de Cristo, no se pueden predicar a sí mismos, o a sus instituciones, sino que el mensaje debe ser el Reino de Dios. Y la iglesia debe predicar el mismo mensaje que predicó Cristo.

Finalmente, podemos decir que la resurrección es el clímax del ministerio de Cristo: en ese sentido, los cuarenta días registrados por **Hechos 1:2**, son el sello de seguridad, garantía a favor de todos los creyentes, conocer y saber esto nos llena de profunda paz.

122. Siddharta Gautama, Buda, murió a la edad de ochenta años, posiblemente por intoxicación alimenticia; Mahoma muere a los 63, se cree que envenenado. Lo seguidores de Buda lo colocan en el Nirvana, lugar que equivale a "desaparecer en lo que nada permanece". En cuanto a Mahoma, sus creyentes van a visitar la tumba cada año, a llorar su muerte, porque no pueden celebrar su resurrección. Sin embargo, los seguidores de Cristo sí podemos celebrar la resurrección. No solo celebramos cada domingo de resurrección, sino que cada vez que alguien se bautiza por inmersión, está exaltando la victoria de Jesús sobre la muerte. ¡EL

VIVE! (En base al libro: Comentario MacArthur…**1 Corintios**). Por eso tenemos paz y no andamos peleando contra carne y sangre, como suelen hacer muchos de los seguidores de los ya mencionados, sino que sabemos que: *Porque no tenemos lucha contra sangre y carne, sino contra principados, contra potestades, contra los gobernadores de las tinieblas de este siglo, contra huestes espirituales de maldad en las regiones celestes. Por tanto, tomad toda la armadura de Dios, para que podáis resistir en el día malo, y habiendo acabado todo, estar firmes.* **Efesios 6:12-13.**

Y lo más lindo del caso es que, estas armas que empleamos son más poderosas que cualquier bomba atómica: porque las armas de nuestra milicia no son carnales, sino poderosas en Dios para la destrucción de fortalezas, derribando argumentos y toda altivez que se levanta contra el conocimiento de Dios, y llevando cautivo todo pensamiento a la obediencia a Cristo, y estando prontos para castigar toda desobediencia, cuando vuestra obediencia sea perfecta. **2 Corintios 10:4-6.**

Los enemigos de Dios ya han sido vencidos

123. El sábado santo, se conmemora un día más de Jesús en la tumba, y cuyo sepulcro está bien asegurado hasta el tercer día de su muerte. Sin saberlo, Pilato, los sacerdotes y los fariseos, están poniendo los testigos adecuados para que, por boca de paganos, y no solo de creyentes, el mundo supiera que algo extraordinario habría de acontecer en aquel día. Y es que con Dios nadie puede, cuando los enemigos del Señor dan un paso, ya Él lo ha tornado a favor de Sus perfectos planes. El sábado en que Jesús está sepultado, representa la participación de Jesús *"de carne y sangre, … para anular mediante la muerte el poder de aquel que tenía el poder de la muerte, es decir, el diablo"* **(Hebreos 2:14).**

El sábado es el día en que el cuerpo de Jesús está bajo el poder de la muerte, la cual representa el final para todo simple mortal. Sin embargo, en el caso de Jesús, aquel sábado de tumba era el preludio para la coronación de lo que es el evangelio, las buenas nuevas de salvación.

124. Hace más de cien años que el hermano William J. Seymor recibiera el bautismo del Espíritu Santo. "¿Qué explicación habría para el inusual impacto de su Misión de la calle Azusa? Las condiciones eran exactamente opuestas a las que se suponen son esenciales para que la influencia sea perdurable. Un testigo ocular resume la situación, diciendo: "Sin coro... sin ofrendas, sin carteles que anunciaran las reuniones. No hay una iglesia organizada que lo respalde... y lo único que encontrará aquí es un edificio de dos plantas pintado con cal.

Uno no esperaría visitaciones celestiales a menos que recuerde aquel establo de Belén. Otros líderes, como Charles Parham, que creía en el hablar en lenguas, tenía más recursos y más contactos que Seymour. Pero fue en la calle Azusa que descendió el poder, y fue desde la calle Azusa que la influencia llegó más lejos y profundo que en cualquier otro lugar. [aunque hubo otros factores para que esto ocurriera así, la verdad al final es que]...Dios eligió libremente a los insignificantes, a los que no impresionaban a nadie, a los menos inteligentes para mostrar su gloria."

Después de más de cien años, existe la proyección de que para el 2025, habrá mil millones de pentecostales en el mundo. Siendo América Latina y África, los lugares de mayor crecimiento de la población pentecostal. Esos números, estoy seguro, nunca pasaron por la mente de aquel hijo de exesclavos, escogido por Dios para este gran avivamiento.

125. Marcos 8:31-38, muestra a un Pedro escandalizado por la descripción profética del Maestro, acerca de un Cristo crucificado.

Jesús no solo tenía que morir, él tenía que morir en el dolor de ser rechazado. Este es un tipo de sufrimiento, en el cual no hay honor, ni gloria. Sufrimiento más rechazo, resumen el significado de la cruz de Jesús. El intento de Pedro, de evitar la cruz de Jesús, es un acto diabólico. Esto así, porque todo intento de quitar la cruz a Cristo, es impedir que Jesús sea el Cristo.

Esta acción de Pedro es señal de que desde el principio la iglesia se ha escandalizado ante un Cristo sufriente, y rechazado por todos. Pero más aún, es un temor a la ley del sufrimiento y el rechazo, impuesta por Cristo. ¿Por qué tantas iglesias denominadas cristianas, quieren eliminar la cruz?

Es sencillo, desean eliminar la ley del sufrimiento impuesta por Cristo. Por eso, ante el intento satánico de Pedro, de eliminar la cruz en Cristo, esta fue la respuesta del Maestro: *"34 Y llamando a la gente y a sus discípulos, les dijo: Si alguno quiere venir en pos de mí, niéguese a sí mismo, y tome su cruz, y sígame. 35 Porque todo el que quiera salvar su vida, la perderá; y todo el que pierda su vida por causa de mí y del evangelio, la salvará. 36 Porque ¿qué aprovechará al hombre si ganare todo el mundo, y perdiere su alma? 37 ¿O qué recompensa dará el hombre por su alma? 38 Porque el que se avergonzare de mí y de mis palabras en esta generación adúltera y pecadora, el Hijo del Hombre se avergonzará también de él, cuando venga en la gloria de su Padre con los santos ángeles."* (En base al libro El Precio de la Gracia de Dietrich Bonhoeffer).

126. Cada 13 de abril, se celebra el Día Internacional del Beso, el cual tiene como objetivo "recordar a las personas el placer asociado con el beso, como expresión de intimidad y amor". Esto me hace pensar en el tristemente célebre beso de Judas: *Mateo 26:49 dice: "Y en seguida se acercó a Jesús y dijo: !!¡Salve, Maestro! Y le besó."* La pregunta de Cristo al ver esta acción es conmovedora: *"...Judas, ¿con un beso entregas al Hijo del Hombre? (Lucas 22:48)."*

El descaro de Judas queda evidenciado, al echar un vistazo a las palabras originales que describen el beso en cuestión. "Para describir el beso, tanto el Evangelio de **Mateo (26:47-50)** como el Evangelio de **Marcos (14:43-45)** utilizaron el verbo griego kataphilein, el cual significa 'besar tiernamente, intensamente, firmemente, apasionadamente". Como hijos de Dios, no debemos repetir esta historia: besar tiernamente a nuestro hermano en Cristo, para luego entregarlo a los verdugos.

Son muchos los que critican y murmuran, para luego ir a la iglesia y besar a aquel que destrozan con sus palabras. No, nosotros somos llamados a dar otra clase de beso, el que nos enseña Pedro: *"Saludaos unos a otros con ósculo de amor. Paz sea con todos vosotros los que estáis en Jesucristo..."* (1 Pedro 5:14).

127. La irrelevancia del liderazgo cristiano, en el mundo de hoy: En el libro "In The Name of Jesus", Henrry Nouwen testifica de sus pensamientos cuando su amigo Murray McDonnell lo invitó a dar una charla a líderes, acerca de "el liderazgo cristiano en el siglo XXI". Después de mucho pensar y meditar, decidió hablarles acerca de su propio testimonio en cuanto a su trabajo con personas discapacitadas mentales. En resumen, el mayor punto que les presentó es el hecho de que los líderes de este tiempo necesitan reconocer su irrelevancia para el mundo de hoy, y comenzar a solidarizarse con los que sufren, como forma de revertir esa insipidez. Eso fue exactamente lo que hizo Jesús y Sus seguidores.

Es Él, quien precisamente nos pide que pasemos de un afán de ser relevantes, a una vida de oración; que pasemos del querer ser populares, a una vida en comunidad; y de un liderazgo autoritario, a uno que discierna hacia dónde nos está guiando Dios. Es una paradoja, que en una época en donde los líderes cristianos estamos usando todos los medios posibles para hacernos relevantes o famosos, es cuando menos lo somos. Sin embargo, en la época en la que la iglesia no buscaba fama, sino el propagar el Reino de Dios, fue cuando pusieron a todo el mundo conocido a sus pies.

No menosprecies a sus enviados

128. Un pensamiento liberador: en Dios, no puedes celebrar "el éxito" como si tú lo hubieras logrado, entonces; tampoco debes sufrir sobremanera los "fracasos". ¿Por qué? Porque todo se trata de Él. Todos nosotros, y en toda circunstancia debemos darle la gloria a Dios. Hablando del momentáneo fracaso espiritual de Israel, surge **Romanos 11:36:** *"Porque de él, y por él, y para él, son todas las cosas. A él sea la gloria por los siglos. Amén." Vive, ora, actúa y gózate en la obra, sabiendo que el centro de la misma no somos nosotros, sino Dios."*

"En **Lucas 13:34** aparecen las palabras de Jesús, declarando la inhospitalidad de Jerusalén en contra de los profetas y de los enviados de Jehová. Aquella que estaba llamada a cuidar de estos enviados, los echaba o los destruía. Jerusalén mató a muchos hombres de Dios, y Jesús iba a unírseles. Todavía existen personas como aquella Jerusalén sobre la que Jesús se lamentó, que no saben tener una relación positiva con sus hombres y mujeres enviados por Dios. Esto me hace pensar que la historia se sigue repitiendo: es el pueblo de Dios, quien muchas veces desoye, rechaza y mata a sus propios profetas."

129. "…Según la ética cristiana, el hombre como tal, cada hombre, tiene derecho a ser visto, respetado y cuidado. La ética cristiana no es neutral, la ética cristiana no está interesada en nada, por excelso que sea, sino única y exclusivamente en el yo, y el tú. Para la ética cristiana, el hombre nunca puede ser medio para un fin — ¡aquí Immanuel Kant habló como un cristiano! — sino que es él mismo el fin, la meta suprema. Para ella el hombre más miserable, simplemente por ser hombre, es más importante que el objeto más precioso. ¿Por qué? ¿Por qué el hombre como tal es un ser tan soberano y bueno? ¡No, sino porque Dios le ha honrado y distinguido de tal modo que él mismo se hizo su igual!" Karl Barth.

Por eso el mismo David decía: *Cuando veo tus cielos, obra de tus dedos, La luna y las estrellas que tú formaste, Digo: ¿Qué es el hombre, para que tengas de él memoria, y el hijo del hombre, para que lo visites? Salmos 8:3-4.*

130. "A propósito de Kierkegaard, y su escrito titulado "Pureza de Corazón Es Querer Una Sola Cosa": en virtud de que cada oración, en cierta forma trata algo diferente, es difícil traer una idea central. Sin embargo, lo que se desprende de cada una de las oraciones, es una dependencia total, de un Padre que es nuestro y que está muy por encima de nosotros. La oración en específico, que le da su nombre a este devocional, es bastante interesante: Kierkegaard señala a Dios como aquel que es una cosa, pero que lo es todo. Pasando luego a rogarle al Señor, que nos ayude a todos a desear "esa sola cosa".

Reconociendo que el arrepentimiento es necesario para tener este anhelo. La verdad es que, ¿Cómo decir que yo deseo esa sola cosa, cuando tengo además otros anhelos? Sin embargo, puedo decir, que, aunque quisiera otras cosas en la vida, mis mayores esfuerzos están destinados a la búsqueda de Dios. La manera de transmitir este valor a otros es a través de mis hechos. *"¡Oh, Señor, purifica mi corazón de tal manera que solo desee una sola cosa: tu presencia!"*

131. ¿Y qué es malo en sentido cristiano? Malo es el comportamiento y acción del hombre con que contradice el contenido y acción de la historia de Dios, pasa de largo o no llega a la pasión y alegría de Jesucristo. Mala es la acción del hombre con la que éste abierta o secretamente, por encogimiento o por orgullo, se muestra desagradecido. Eso es lo malo. ¿Y nada más? No, nada más; porque todo el mal, desde Adán hasta las enormes monstruosidades de la historia actual del mundo, hasta las pequeñas mentiras y groserías, con que nos envenenamos mutuamente la vida, responde al odio del hombre contra la gracia de Dios." Karl Barth.

¡Ten cuidado de juzgar a la ligera!

132. Los amigos de Job estaban más interesados en probar sus puntos de vista que, en la integridad de Job y su familia, o en la realidad detrás de los hechos. La primera libertad que se tomaron fue la de juzgarlo y hablar contra él. Lo segundo que tuvieron que hacer, fue quedar en silencio frente a la soberanía de Dios y sus acciones inentendibles. El hombre cree que su libertad para juzgar es lo primero, cuando lo primero está en Dios y Sus planes soberanos para con sus hijos. No juzguemos, mejor busquemos en Dios los propósitos de cada acontecimiento, tanto en nosotros mismos como en los que nos rodean. Abandonemos el mal hábito de "los amigos de Job", de querer hacer leña del árbol caído (con amigos como los de Job, no se necesitan enemigos).

133. La única vez que Jesús muestra una especie de éxito tal y como lo concebimos nosotros los humanos, fue el día de la "entrada triunfal" **(Marcos 11).** Sin embargo, decide hacerlo montado sobre un pollino de asna. No sobre un caballo, como cualquier otro conquistador, ni siquiera era un asno maduro, sino uno joven. Zacarías, el cual es el profeta que anuncia esto, dice que es símbolo de humildad *(Zac.9:9).* Con esto, Jesús renuncia, como tantas otras veces, a proyectar cualquier orgullo, o gloria humana sobre sí.

Esto contrasta con el cristianismo de hoy en día, en donde pareciera que la meta es proyectar el éxito tal y como lo concibe el mundo. ¿Cómo anhelarán la gente el reino de Dios, si ya nuestros propios reinos han sido establecidos? Muchos nos hemos concentrado en el **verso 9 de Marcos 11** *("Bendito el que viene el nombre del Señor")*, tratando de individualizar protagonismo. Sin embargo, también existe el **verso 10**, y esta era la meta de Cristo

Con el pueblo: "¡Bendito el reino de nuestro padre David que viene!
¡Hosanna en las alturas!" El deseo de Jesús es que aquel reino, en donde Dios gobierna, se establezca en nosotros.

Atender la voz de Dios es la más grande sabiduría

134. Hablemos del deterioro en la conducta del ser humano: Según Leonardo Boff, la costumbre y la conducta (Ethos), continúan un desarrollo peligroso, ya que siguen a la razón, y la razón no se detiene en su búsqueda. Esto lleva a la costumbre y la conducta, a un constante avance. Este avance debe tener límites, ya que, de continuar, todo ser vivo corre peligro. Esta peligrosa involución, ha traído a la raza humana a la siguiente situación:

1. La conciencia ha sido acallada: ya no se oye la voz interior.

2. La ética ha sido particionada: ahora cada cultura y cada disciplina o área del saber, tiene su propia ética por separado.

3. Se ha dividido, lo que siempre estuvo unido: como, por ejemplo, Dios y su creación.

4. El saber ha sido puesto al servicio del poder: el poder es usado por los que lo ostentan, para dominar a la mayoría, al margen del bien común.

5. La ética perdió su espiritualidad, parte esencial en el ser humano.

6. La ética perdió el interés por los demás: se ha perdido la capacidad de sentir a profundidad en favor del otro. En contraste a esta ética actual y humana, está la ética cristiana. Karl Barth nos enseña que esta ética no se basa en un desarrollo, sino en un escuchar a Dios. La ética del ser humano está en constante deterioro porque ha dejado de escuchar a Dios, fuente de todo bien.

136. El expresidente dominicano, Dr. Leonel Fernández, quien comienza a gobernar el país desde 1996, fue el gran impulsor del mercado de libre comercio y de la globalización de la economía en República Dominicana. Se les planteó a todos de que el progreso estaba a las puertas, gracias a la apertura de las aduanas, ya que nuestros productos llegarían a Estados Unidos y Centro América. A medida que el tiempo pasó, este libre mercado lo que trajo fue más pobreza. Esto así, porque nuestros productores quedaron en desventaja frente a las naciones más capaces.

Hace apenas varios años, que periodistas y profesionales de la economía, comenzaron a denunciar que ese sistema de comercio es un fracaso para nuestra nación. Sin embargo, los campesinos siguen observando como entran al país toneladas de los productos que se supone, ellos deben suplir al país. Lo que antes eran grandes plantíos de cebollas, hoy son montes abandonados. ¿Qué dijeron las iglesias en su momento? Que aquello era bueno porque se abrirían las fronteras. ¿Se han abierto las fronteras? No.

Las únicas fronteras que se abren son aquellos países débiles o en igual condición frente a una nación más fuerte o igual a ellos. ¿El resultado de la globalización para las iglesias? Que ahora tenemos unas congregaciones muy débiles en los campos arruinados por este modelo de economía. Además, tenemos unas iglesias en las capitales llenas de personas del campo que, aunque asisten a sus congregaciones, en un alto porcentaje están muy afanados trabajando (ya que por eso emigraron). Por todo esto, es importante que las iglesias tengamos visión y vislumbremos de antemano las consecuencias de lo que los políticos y empresarios hacen. ¿Por qué? Porque nosotros, aunque no somos del mundo, estamos en el mundo; y lo que ellos hacen nos afecta.

Por esa razón, felicito a la cumbre pentecostal por la carta recién enviada al presidente de los Estados Unidos. En dicha misiva, se le expone respetuosamente que: **1ro.** Se está de acuerdo con que se persiga a aquellos antisociales. Sin embargo, y en **2do.** Lugar, le urge a no separar de sus familias a aquellos padres y madres que están aquí contribuyendo con la nación, obedeciendo las leyes. Esto es correcto, porque las deportaciones de indocumentados nos afectan directamente. Así como el Dr. Leonel Fernández se equivocó en su momento, aunque era el presidente, así cualquier otro mandatario puede estar errado en su visión (son seres humanos). Es ahí donde debe haber un pueblo de Dios, capaz de pararse al frente y decir lo que piensa respetuosamente, aunque sea contrario a las políticas del gobernante. Recordemos que: *Jehová está en su santo templo; calle delante de Él toda la tierra.* **Habacuc 2:20.**

Tú y yo somos el templo de Dios, los que representamos su voz aquí en la tierra, ya que somos su iglesia debemos callar esas voces del alboroto que tanto hablan palabras sin sabiduría, no olvidemos que la voz de Dios es la que debe predominar: Voz de alboroto de la ciudad, voz del templo, voz de Jehová que da el pago a sus enemigos. **Isaías 66:6.**

137. "…Jesús de Nazaret no se predica a sí mismo… Su misión gira en torno al reino de Dios. A este término, aunque existía en su tiempo, es Jesús quien le da esa riqueza de significados y lo coloca

en ese lugar central. Al referirse al reino de Dios, está diciendo que el Dios al que él hace presente, no es el Totalmente otro que no se interesa por la vida y por la historia; tampoco es el que se relaciona con las almas individuales desconectadas del mundo, sino el que tiene un designio sobre su creación, un designio de salvación y de "planificación". Por eso el mensaje del reino es: "Evangelio", la noticia más hermosa y decisiva que pueda comunicarse.

El reino es una iniciativa de Dios, gracia suya. En ese sentido es de Dios: es él quien lo otorga porque es su beneplácito, porque es bueno. Pero también es de Dios porque lo que otorga no es otra cosa que a sí mismo como fuente de vida… Como lo habían anunciado los profetas, el creador de la humanidad quiere desposarse con ella   en cercanía absoluta, en rectitud, justicia y verdad, en misericordia y ternura, en perdón **(Oseas 2,16-25)**. La aceptación de esa relación reconforta, revitaliza, rehabilita, sana y transfigura." Pedro Trigo.

138. Reconociendo que la sabiduría de los hombres nada puede lograr en cuanto a conocer a Dios, Job se entrega al proceso que el Altísimo permitió que él pasara. Esto es lo que llama Eduardo Arens, el inicio del éxodo de Job hacia Dios. Cuando se desenlaza su drama, al final de tanto sufrimiento, Dios se levanta para ir al encuentro de Job. Gracias a este encuentro, nuestro personaje es sacado de su aflicción.

Aunque Job era íntegro, necesitaba pasar por todo esto para lograr *"ver a Dios"*, al cual solamente de *"oídas había oído"* (Job 42:5). Ahora tenemos a un Job, no solo íntegro, sino con una sabiduría divina, para lo cual tuvo que admitir que esa sabiduría *"no habita en la tierra de los vivientes"* (Job 28:13).

Las pisadas del Maestro es lo que debemos seguir

139. En base al libro "La Realidad Política de Jesús": no hemos seguido a Cristo, en sus mismas pisadas; más bien, hemos escogido cuales pisadas de Jesús nos conviene y cuáles no. En medio de este mundo post-moderno y dominado por la avaricia, el Jesús de los evangelios se ha convertido en alguien difícil de seguir. Hay que traer a ese Jesús a nuestras vidas, y colocarlo en el lugar que se merece.

¡Qué vuelva a escucharse el viejo himno que dice: "¡Quiero seguir las pisadas del Maestro, quiero ir en pos de mi Rey y Señor…!

140. La iglesia se tiene que renovar, para poder entrar al tipo de evangelismo que se da en medio del diálogo. Un evangelismo que no juzga, sino que se abre a una conversación respetuosa. Este evangelismo se debe dar, estando nosotros seguros de lo que creemos y de lo que somos. La iglesia debe tener en cuenta que ella no es el Espíritu Santo, sino que es parte del proceso de evangelización.

Cuando el cuerpo de Cristo entiende esto, le está dando su lugar a Dios para que haga su labor de convencer de pecado. La iglesia moderna se enfoca mucho en convencer al otro, pero el verdadero evangelismo se trata de compartir con los demás en medio de un diálogo. En este conversar, ambas partes deben sentir libertad de expresión. Este fue un método muy usado por Jesús, él entablaba conversaciones espirituales con las personas, en medio de las cuales el Espíritu Santo hacía su trabajo.

De hecho, no fuimos llamados a convertir a nadie, sino a proclamarles el evangelio de salvación: Y les dijo: *Id por todo el mundo y predicad el evangelio a toda criatura. El que creyere y fuere bautizado, será salvo; más el que no creyere, será condenado.* **Marcos 16:15-16.** Así que nuestro compromiso es el de predicar, el de la gente es creer.

141. Lamentablemente, la predicación cristiana de hoy está desacreditada porque no está respaldada por una comunidad comprometida. En la comunidad de Pedro de Córdoba, encontramos a un grupo de creyentes, que predicaron en contra de acciones antievangélicas. Esta comunidad analizó su realidad, observó "los signos de los tiempos", y levantaron una voz profética a favor de los indios. Esto no fue una predicación sin compromiso, sino una que estuvo defendida, en cualquier terreno que sus detractores eligieron. A esta comunidad de frailes, se les vio una preocupación, no solo por el alma de los indios, sino también por la salvación de los esclavizadores españoles. (Unas palabras en base al escritor, F. Martínez)

142. Según Kevin J. Vanhoozer, existe una relación entre el teatro y la doctrina. Uno de sus argumentos es: la hipocresía existe, ya que algunos creyentes no son, sino que pretenden ser. Esto no es culpa, ni del autor, ni del guión, ya que la doctrina no nos alienta a fingir, al contrario, nos anima a ser verdaderas "criaturas nuevas en Cristo". De lo que se trata aquí, es de ser un buen discípulo, para lo cual, la formación espiritual es el objetivo. Como enseña "el método de Stanislavski... [debe haber una] dedicación total al papel, involucrando cuerpo, mente y alma".

Para lograr una buena representación de su papel, el creyente debe evitar la ignorancia y los malos hábitos. Esto le ayudará a quitarse "las máscaras que ocultan su verdadera identidad en Cristo". Como se presenta en este material, la Escritura es el guión, el cual debe ser representado por la comunidad de creyentes, la iglesia. Aunque la última palabra la tiene el guión, la representación es igualmente necesaria.

Esta interpretación, debe realizarse de la manera más auténtica y sincera posible; es decir, sin máscaras y sin hipocresía. El actor, el cual es el creyente, podrá ser auténtico solo al realizar una especie de Kenosis; es decir, vaciarse de sí mismo, y así "aprender" y servir fielmente al papel que el Director le ha asignado.

Haz bien tu rol de creyente

143. La iglesia debe aprender del Protagonista (la verdadera estrella), el cual mostró una gran fidelidad al rol que le asignó Su Padre, y **San Juan 8:26** es testimonio de eso: *"Muchas cosas tengo que decir y juzgar de vosotros: más el que me envió, es verdadero: y yo, lo que he oído de él, esto hablo en el mundo."* Además, si hacemos bien todo nuestro rol, seremos exaltado en un gran día de premiación. Cristo fue el primero:

"Haya, pues, en vosotros este sentir que hubo también en Cristo Jesús, el cual, siendo en forma de Dios, no estimó el ser igual a Dios como cosa a que aferrarse, sino que se despojó a sí mismo, tomando forma de siervo, hecho semejante a los hombres; y estando en la condición de hombre, se humilló a sí mismo, haciéndose obediente hasta la muerte, y muerte de cruz. Por lo cual Dios también le exaltó hasta lo sumo, y le dio un nombre que es sobre todo nombre. Filipenses 2:5-9.

La situación del mundo en nuestros días es atroz, hay mucha violencia física y psicológica. Mucha injusticia social, materialismo, confusión de los valores, inversión de los roles en muchos casos, ataques a la familia, desconocimiento de la ley de Dios o desprecio por la misma, idolatría en variadas formas, incluyendo la avaricia. Es por ello que nos urge cumplir el rol por el cual Dios nos ha puesto en esta tierra, siendo nosotros parte de la solución y no del problema, y para ello es requeté necesario imitar el modelo de Jesús, como bien dijera Pablo a Timoteo: Pero tú sé sobrio en todo, soporta las aflicciones, haz obra de evangelista, cumple tu ministerio. **2 Timoteo 4:5.**

144. Yo creo firmemente, que el neo-pentecostalismo, es una involución o degeneración del cristianismo pentecostal. De hecho, "El neo-pentecostalismo, como dice el Pastor Julián Mellado, (director teológico del INSTE y pastor director teológico del INSTE y pastor español), ni siquiera es pentecostal, sino que es una expresión cristianizada de la metafísica que se originó en el siglo XIX. Dicho teólogo, prefiere denominarlo "movimiento metafísico cristiano", el cual trata de imponer una visión mágica de la vida como expresión de la fe cristiana."

Si usted se fija, todo lo que envuelve "magia", por necesidad envuelve sincretismo. Es lo que entiendo que presenta su reflexión, al decir "baupentecaristerianos", porque es una liga de todo (y creo que la palabra se queda corta, jajaja). Lo más peligroso de todo este sincretismo, es el hecho de que basan más sus servicios o reuniones en los sentimientos del ser humano, que en la Palabra de Dios. Por consecuencia, toda reunión cristiana, que relegue la Palabra a un segundo o tercer plano, es una involución del cristianismo.

145. Unas palabras en base a Henry Nouwen: El mundo se compone de gente "extraña", lo cual representa una barrera para la hospitalidad. Esta barrera debe ser superada, especialmente por los cristianos, para hacer sentir al extraño bienvenido en medio de nuestra comunidad. La meta es, que estos extraños dejen su extrañeza, y vengan a ser nuestros hermanos en Cristo. Según este autor, hospitalidad es más que una tertulia o un momento de convivencia, es, según escrituras como **Génesis 18:1-5**, acoger al forastero, mitigando en él sus necesidades. Así que, la grandeza de la hospitalidad se encuentra en abrirse a aquel que es extraño, aquel que habla una lengua diferente, que viste diferente; en otras palabras, a aquel que representa "al otro" (alguien distinto). La hospitalidad, es el antídoto para la hostilidad, y puede cambiar al extraño en un nuevo miembro de la comunidad. Es parte de nuestro rol ser hospitalario.

Proponte cuidar tu salvación

146. Ricardo Barbosa, en su libro *"Sobre Todo Cuida tu Corazón"*, nos llama la atención sobre algo muy importante: ni la experiencia religiosa, ni el conocimiento bíblico, determinan un encuentro personal con Dios. Esto es interesante, porque muchos creen que el estudio de la Biblia y el activismo religioso les asegura la comunión con el Padre. Igualmente, Job pensaba que conocía a Dios, pero se da cuenta de que no era así. A través del desierto en su vida, vino a entender que Dios es libre en sus actos.

El Creador no está atado a creencias humanas o tradiciones de pueblos (aunque este sea Su propio pueblo). Esto es una libertad importante: dejar a Dios que actúe sin intermediarios… Todo esto me lleva a pensar en alguien como Judas, son muchas las personas que al igual que él, se podrían perder aun estando rodeados del ambiente correcto. De hecho, (y muchísimas veces sucede) la Biblia y el activismo religioso, son una fachada tras la cual se esconden secretos oscuros. ¿Cuál es mensaje entonces? Trabaja para Dios, envuélvete en las actividades de tu congregación, pero sobre todas las cosas, esa comunión interior con el Padre tiene que ser cuidada celosamente.

Que el estudio de la Biblia y las experiencias espirituales, sean el producto de un corazón verdaderamente consagrado a Dios, fuimos llamados a cuidar esta salvación tan grande que se nos ha concedido:

"Por tanto, amados míos, como siempre habéis obedecido, no como en mi presencia solamente, sino mucho más ahora en mi

ausencia, ocupaos en vuestra salvación con temor y temblor, porque Dios es el que en vosotros produce así el querer como el hacer, por su buena voluntad. Haced todo sin murmuraciones y contiendas, para que seáis irreprensibles y sencillos, hijos de Dios sin mancha en medio de una generación maligna y perversa, en medio de la cual resplandecéis como luminares en el mundo; asidos de la palabra de vida, para que en el día de Cristo yo pueda gloriarme de que no he corrido en vano, ni en vano he trabajado." Filipenses 2: 12-16.

147. El Dr. Samuel Pagán, hizo un trabajo magistral en su libro, "Yo sé quién soy". En el mismo, él enseña los aspectos cristianos y teológicos que encierra la obra "El Quijote de la Mancha". Es un escrito, que me lleva a testificar que he visto la injusticia social: ver a unos pocos con mucho y a los muchos con poco. También he visto a algunos levantarse cual Quijote, en contra de esas grandes diferencias sociales. Tristemente, como el Quijote de Cervantes, mueren sin ver ni remotamente cumplido aquel sueño de igualdad. Esto no debe desanimarnos, tenemos que seguir siendo una sociedad que no renuncia a sus sueños, que sigue luchando en pos de ellos.

Nuestro mundo necesita de esos "locos soñadores", que sigan batallando por los derechos de los más desposeídos. Justicieros, que, aunque son atacados con todo desde el poder, aun así, siguen adelante. Porque no hay nada más poderoso que una persona que sabe quién es, y para qué está aquí.

148. Las bendiciones señaladas en **Proverbios 10:22** *(aquellas que no añaden tristeza),* son las que llegan para llenar exactamente todas nuestras necesidades, en el momento justo que la ocupamos, y en la etapa exacta de nuestras vidas en la que podemos manejarlas con sabiduría. Espero que el Señor te de muchas de esas bendiciones.

149. "Hay una anécdota bastante repetida de un ministro de Nueva Inglaterra que describía una oración muy elaborada y distinguida que se formulaba en una elegante iglesia de Boston, diciendo que era la oración más elocuente que jamás recibiera un público en Boston. ¿En qué pienso cuando oro en público? ¿Estoy tan ocupado buscando expresiones que complazcan a mis hermanos que no concentro mi atención en Dios, y solo soy consciente de su presencia a medias aun cuando Él es aquel a quien mis oraciones van dirigidas? Jesús insiste en que la mejor manera de supera restos males es dedicar tiempo a la oración secreta. *"Y tu Padre que ve en lo secreto te recompensará en público"*.

150. Jesús usó el silencio positivo, el cual le dio fuerza a su predicación. Cuando El Maestro hizo silencio frente a Herodes y Poncio Pilatos, eso coronó sus tres años y medio de discursos acerca del reino de Dios. Pero el silencio de los periodistas latinoamericanos, comprados por el poder, es algo negativo y perverso, puesto que como bien dice el dicho: El que calla otorga.

Pelea por tu matrimonio

151. ¿Cuánto duran los matrimonios hoy en día? Veamos algunas estadísticas, en: Italia: un promedio de 18 años 31% tasa de divorcio ; Canadá: 14 años 48%; Francia: 13 años (tasa de divorcio del 55%); Australia: 12 años (tasa de divorcio del 43%); México: 12 años (tasa de divorcio del 15%); Japón: 11 años (tasa de divorcio del 36%); Reino Unido: 11 años (tasa de divorcio del 42%); Sudáfrica: 11 años (tasa de divorcio del 31,2%); Los países en los que menos dura un matrimonio son EE.UU: 8 años 2 meses 41%; y Qatar: 5 años y 5 meses (tasa de divorcio del 38%). Es como si el matrimonio, la primera institución Divina, tuviera fecha de caducidad.

Toda pareja que no ha caído entre estas estadísticas debe aferrarse a Dios, para que sigamos exaltando firmes diciéndole al mundo que sí se puede tener un solo conjugue para toda la vida. Aquellos que por algún motivo ajeno a su voluntad ya están dentro de estos tristes números, les digo que no desanimen, te animo a que te aferres a Dios también, y El sanará tu corazón. "El unirse y conocerse el uno al otro da como resultado una nueva identidad en la cual dos se funden en uno: una mente, un corazón, un cuerpo, y un espíritu. No quedan dos personas, sino dos fracciones de una. Esta es la razón por la que el divorcio tiene un efecto tan devastador" (…) Que: ***Honroso sea en todos (ustedes) el matrimonio, y el lecho sin mancilla; pero a los fornicarios y a los adúlteros los juzgará Dios.*** **Hebreos 13:4.**

152. "Muchos sargentos acomplejados andan con un garrote bíblico en la mano gritando: «Yo soy el jefe de mi casa». Y nosotros sabemos que no lo son, porque si lo fueran no tendrían que pregonarlo. Muchas veces, cuando hablo de este tema, siento que alguna mujer está sentada entre los oyentes diciendo: «¡Es verdad, mi esposo es la cabeza, pero yo soy la única que la mueve!» El punto en discusión no es quién manda en el gallinero, sino ¡quién manda al gallo!" (Libro: La familia desde una perspectiva bíblica).

153. «Cuando los nazis vinieron a buscar a los comunistas, guardé silencio, porque yo no era comunista. Cuando encarcelaron a los socialdemócratas, guardé silencio, porque yo no era socialdemócrata. Cuando vinieron a buscar a los sindicalistas, no protesté, porque yo no era sindicalista. Cuando vinieron por los judíos, no pronuncié palabra, porque yo no era judío. Cuando finalmente vinieron por mí, no había nadie más que pudiera protestar.» Martin Niemöller

¡Ese no es mi problema!

154. A los que les gustó la cita de Martin Miemöler, también les gustará lo siguiente: Ese no es mi problema…El ratón, observó a un granjero y su esposa abriendo un paquete. se preguntó ¿qué tipo de comida podía haber allí? Pero…Quedó aterrorizado cuando descubrió que era una trampa para ratones. De inmediato fue corriendo al patio de la Granja a advertir a todos: "¡Hay una ratonera en la casa, una ratonera en la casa!" La gallina, que estaba cacareando y escarbando, levantó la cabeza y dijo: - "Discúlpeme Sr. Ratón, yo entiendo que es un gran problema para usted, más no me perjudica en nada, ni me incomoda" (…) Ese no es mi problema…

El ratón fue hasta el cordero pensando que este si le prestaría atención: - "¡Hay una ratonera en la casa, una ratonera!" "Discúlpeme Sr. Ratón, no hay nada que yo pueda hacer, solamente pedir por usted. Quédese tranquilo". El ratón se dirigió entonces a la vaca, y la vaca le repitió lo mismo. – "¿Acaso estoy en peligro? Pienso que no" – dijo la vaca. Entonces el ratón volvió a la casa, preocupado y abatido, sin saber qué hacer para encarar a la ratonera del granjero. Aquella noche se oyó un gran barullo, un estropicio, como el de una ratonera atrapando su víctima. La mujer del granjero corrió para ver lo que había atrapado la ratonera. En la oscuridad, ella no vio que la ratonera atrapó la cola de una serpiente venenosa. La serpiente mordió a la mujer. El granjero la llevó inmediatamente al hospital. Ella volvió con fiebre. Todo el mundo sabe que para alimentar alguien con fiebre, nada mejor que una sopa. Un caldo de gallina…

El granjero agarró su cuchillo y fue a buscar el ingrediente principal: la gallina. Como la enfermedad de la mujer continuaba, los amigos y vecinos fueron a visitarla. Para tener un detalle con ellos ese día el granjero mató el cordero. Hizo cordero guisado. La mujer no mejoró y acabó muriendo. El granjero entonces vendió la vaca al matadero para cubrir los gastos del funeral.

Entonces ¿es o no nuestro problema la trampa que en el mundo el enemigo pone? Considera esta anécdota y piensa en ello, de una u otra manera todos estamos conectados y debemos velar por el bienestar de los demás.

155. Respecto al tema de los divorcios, en el año 2015 se registraron 20,091 divorcios en la República Dominicana… Publicado por la Oficina Nacional de Estadística (ONE). Los divorcios tuvieron un aumento de 2,164 en comparación con los 17,927 que se produjeron en el año 2011. La mayor cantidad se registró en el Distrito Nacional y Santiago, con 4,423 y 3,696, respectivamente" (Z101). Estas estadísticas son siempre tristes. Estamos hablando de más de 40,000 dominicanos, que se casaron con la ilusión de ser feliz, pero algo sucedió en el camino ¿Qué salió mal? Si pudiéramos hablar con estas 40,000 personas, escucharíamos algunas cosas en común como las razones para sus divorcios: "celos e infidelidades, aburrimiento, insatisfacción, enfriamiento del amor, se acabó la pasión, no hubo buena comunicación, abuso físico y verbal, y la lista sigue y sigue.

¿Qué estás haciendo tú para cuidar tu matrimonio?
¿Qué estamos haciendo nosotros como cuerpo de Cristo, para salvar la primera institución Divina? O ¿Será que nos estamos conformando a la triste realidad del incremento de divorcios dentro y fuera del cristianismo? Nunca estaremos de acuerdo con la destrucción del matrimonio, vamos a seguir luchando a favor del plan original de Dios.

156. Unas palabras de Chap Clark, de su libro "Sufrimientos": "Cada adulto debe intentar sumar al mensaje acumulativo de protección, educación, calidez, y afecto. Se requiere de varios, sino de docenas de mensajes de continuo apoyo y ánimo para contrarrestar los efectos del abandono sistémico. Pero lo mejor de todas maneras de ayudar a nuestros jóvenes es siendo un coro de apoyo y de compromiso".

157. La historia se repite, y el que no aprende de ella, está condenado a cometer los mismos errores. En el siglo IV de nuestra era, hubo una gran división hacia lo interno del cristianismo por la incursión del rey dentro de su seno. Algunos como Eusebio de Cesarea, se convirtieron en grandes admiradores de Constantino; mientras otros, hasta se alejaron de la iglesia para no ver el destino hacia donde el imperio llevaba a la novia del Cordero (naciendo así, el monasticismo).

¿Necesitaba el mensaje cristiano ser salvado por Constantino, o Necesitaba Constantino ser salvado por el mensaje cristiano? El cristianismo nunca necesitó de Constantino. La señal de ello, está en el hecho de que aun en aquellos lugares en donde el imperio no gobernaba, aun allí, sin el emperador, el cristianismo triunfó. De hecho, Constantino y toda su pomposidad imperial, fueron una desgracia para la iglesia que Jesús fundó. Tan nefasto fue aquella unión, que, con el paso del tiempo, las naciones decidieron establecer una clara separación entre el Estado y la Iglesia. Así que, la historia del cristianismo nos enseña que la iglesia fundada por Cristo no necesitó, ni necesita, ni nunca necesitará ser salvada por ningún gobernante terrenal. El único y suficiente sustento y guardador de la iglesia, es Cristo.

Que tus oraciones suban a Dios

158. "Cuando un islámico ora, siente como si el mundo se detuviera, cuando termina de orar, el mundo vuelve a girar". ¡Cuánto más nosotros los cristianos deberíamos tener en alta estima la oración! El asunto es no usar la oración de manera equivoca, vemos que Jesús condenó la hipocresía que demostraban al orar los líderes religiosos de su tiempo, solo les preocupaba dar la impresión de ser muy devotos. De hecho, dijo que ellos ya tenían "su galardón completo". Esos religiosos en realidad no querían que Dios los escuchara, sino llamar la atención de la gente, así que eso sería lo único que obtendrían **(Mateo 6:5).** Algo parecido pasa en la actualidad.

Muchas personas no oran pensando en Dios, sino en sí mismas. Y claro está, como no siguen los principios bíblicos que hablan al respecto, no reciben respuesta,

¿quieres recibir la respuesta de tu oración? Entonces ora como la biblia manda: *Suba mi oración delante de ti como el incienso, El don de mis manos como la ofrenda de la tarde.* **Salmo 141:2.**

159. No existe un "súper mensaje del Antiguo Testamento", en donde Jehová libra al fiel de ir al horno de fuego. NO, sencillamente existe el Antiguo Testamento, en donde se registra el hecho de que Dios libra en medio del horno de fuego. ¿Por qué? Porque el horno es necesario: la angustia de un rey que amenaza, de unos guardias que apresan, de unas sogas que aprietan, todo eso es parte del plan de Dios. Al final la victoria es grande, al ver los guardias desaparecer, al rey asombrarse, y al experimentar la caminata junto al Señor, en medio del horno de fuego.

No permitas una predicación que te quita el horno de fuego, acéptalo, es parte del mensaje sencillo del Antiguo Testamento. Igualmente, no existe un "súper mensaje del evangelio", en el cual la persona es librada de todo sufrimiento y llevada a una dimensión de prosperidad. Solo existe el sencillo mensaje del carpintero de Nazaret: *"En el mundo tendréis aflicción; pero confiad, yo he vencido al mundo".* Él nunca prometió la anulación de los sufrimientos, lo prometido fue darnos victoria en medio de ellos.

Una resistencia permanente

160. Ningún ser humano tiene una unción tal, que aleje o ate al diablo para siempre. Ni Jesús hizo tal cosa: el Maestro lo resistió en Mateo 4, y el enemigo se fue. Sin embargo, ha mediado de la historia regresó, en Mateo 16:23 (usando a Pedro). Inclusive, regresó al final una vez más (esta vez usando a Judas), en **San Juan 13:27.**

Muchos líderes de hoy quieren mostrar una unción más poderosa que la de Jesús, al querer atar al diablo, supuestamente dejando a sus seguidores en una dimensión sin resistencia o sin contrariedades. En vez de eso, deberían prepararlos para que estos vivan, en sí mismos, el poder de resistencia constante al enemigo.

Esto nos lleva a **Santiago 4:7** *("Someteos, pues, a Dios; resistid al diablo, y huirá de vosotros").* Observen esto: tanto el someterse a Dios, como el resistir al diablo, ambas son acciones continuas, no únicas en el tiempo. En otras palabras, el creyente ejercita una vida constante de obediencia a Dios, y de resistencia al diablo; el cual siempre, cada vez, huirá (acción que está continuamente en el futuro).

Según esta escritura, no es la unción del líder la que reprende al enemigo. Es la obediencia a Dios y la oposición o resistencia al diablo, de parte del creyente, la que hará huir al adversario. Jesús es el gran modelo de todo esto: vivió una vida continua de obediencia al Padre y de resistencia al diablo, por eso, cada vez que este venía contra él, tenía que huir.

Es hora de que vuelvas en sí, tu padre te está esperando

A medidas que viene leyendo, creo que vas recibiendo fuerzas para un levantamiento espiritual, entiendo que ha venido reflexionando en lo más interno de tu ser, tu corazón arde mientras viene leyendo estas palabras, y créeme que es la intención, que tu corazón arda mientras se te declaran estas Escrituras, tal como sucedió con los que iban en el Camino a Emaús:

Y comenzando desde Moisés, y siguiendo por todos los profetas, les declaraba en todas las Escrituras lo que de él decían. Llegaron a la aldea adonde iban, y él hizo como que iba más lejos. Más ellos le obligaron a quedarse, diciendo: Quédate con nosotros, porque se hace tarde, y el día ya ha declinado.

Entró, pues, a quedarse con ellos. Y aconteció que, estando sentado con ellos a la mesa, tomó el pan y lo bendijo, lo partió, y les dio. Entonces les fueron abiertos los ojos, y le reconocieron; más él se desapareció de su vista.

Y se decían el uno al otro: ¿No ardía nuestro corazón en nosotros, mientras nos hablaba en el camino, y cuando nos abría las Escrituras? Y levantándose en la misma hora, volvieron a Jerusalén, y hallaron a los once reunidos, y a los que estaban con ellos. Lucas 24.27-33.

Pienso que es horas de que te levantes y acudas a tu Padre Celestial, para esto han llegado a ti estas reflexiones, el asunto es inspírate a un despertar espiritual, a que puedas volver en sí, a que recobres tus fuerzas, por eso aquí continuamos con las reflexiones:

Levántate, ya no sigas más caído

161. Cuando el hijo pródigo determinó "levantarse y regresar" a la casa de su padre, tenía tres cosas claras en su mente: **1ro.** De donde iba a salir: no iba continuar más en el lodo alimentando cerdos. **2do.** La dirección exacta de la casa de su padre; ese lugar del cual salió con soberbia, pero que era el único en el mundo para recibir el amor y el cuidado que él necesitaba. Y **3ro.** La distancia que tenía que recorrer, para llegar a la casa de su padre; ¿cómo no la iba a conocer, si esta distancia era la misma que había recorrido para alejarse en búsqueda de agradar su carne? Sin embargo, había una cosa en la que él estaba equivocado: su padre no lo iba a posicionar como un jornalero más en su casa.

De manera sorpresiva para él, se le regresaron todos sus derechos legales de heredero. Igualmente, todo el que se ha descarriado sabe muy bien **1ro.** En qué situación se encuentra hoy, **2do.** La dirección exacta de su congregación, y **3ro.** La distancia que ha recorrido alejándose de Dios. A todo hijo prodigo le digo: Tu padre te está esperando, y muy dispuesto a regresarte aquello que perdiste al salir de la casa.

162. Dos personas que se destacaron en sus respectivas áreas, y que, al morir, ciertas partes de su cuerpo fueron estudiadas: el cerebro de Albert Einstein, y las cuerdas vocales de Whitney Elizabeth Houston. Mientras que en el primero se encontraron evidencias físicas, que en cierta forma explicaron su genialidad; en cambio, en la cantante no fue así. Las cuerdas vocales de Houston no tenían nada que las hicieran diferentes de las tuyas.

Los expertos, al ver eso, concluyeron que lo que hizo cantar a esta mujer de la manera que lo hizo, fue el haber practicado gospel music por tantos años. Este "género musical, es caracterizado por el uso dominante de coros con un uso excelente de la armonía". Definitivamente, el entrenar toda su vida en esta clase de armonía, hizo de Whitney Houston una de las mejores cantantes del mundo.

El punto es el siguiente, mientras que algunos sobresalen porque han recibido algún talento de forma biológica, la verdad es que la gran mayoría se desarrollan en base a la mucha práctica. Es interesante, que la Palabra de Dios nos hace la siguiente invitación: *"...Ejercítate para la piedad... "La piedad para todo aprovecha, pues tiene promesa de esta vida presente, y de la venidera."* (1 Timoteo 4:7b-8). Aún más, unos versos adelante, Pablo le dice lo siguiente a **Timoteo:** *"14 No descuides el don que hay en ti, que te fue dado mediante profecía con la imposición de las manos del presbiterio. 15 Ocúpate en estas cosas; permanece en ellas, para que tu aprovechamiento sea manifiesto a todos."*

Está claro, que Timoteo no nació con el don referido por Pablo; él lo había recibido durante su vida adulta, y lo único que tenía que hacer era ejercitarlo. Así que el mensaje es el siguiente, la fe es un don, el cual no importa si se recibió desde el vientre (**Salmo 22:10; Isaías 49:10;** entre otros), o si se recibió durante la vida adulta; todos podemos ejercitar el musculo de la fe. Haciendo esto, saldrás del montón, convirtiéndote en alguien especial para Dios, e invitando a otros a querer saber de dónde viene eso que te hace sobresalir.

Dios no quiere la muerte del impío

163. Jesucristo no fue nacionalista, aunque sí fue una persona llena de amor por los verdaderos valores de su país, en tal sentido entonces, se le puede considerar un patriota. El que Jesús fuera un patriota es aceptable, ya que ser un patriota, es amar esos principios intangibles que dirigen lo mejor de la vida de los ciudadanos de un determinado país.

El decir que Jesús fue nacionalista es inaceptable, porque por lo general un nacionalista exalta su nación en detrimento o menosprecio de todo el resto del mundo. Un nacionalista exalta sobremanera los activos materiales de una nación, y yo no veo a Jesús en tales acciones. Porque fue patriota y no nacionalista, Jesús fácilmente ayudó a romanos, quienes estaban pisoteando su nación **(Lucas 7)**; y a otros extranjeros tales como la mujer sirofenicia, una mujer idolatra **(Marcos 7)**; la mujer samaritana, totalmente opuesta a la adoración en Jerusalén **(San Juan 4)**; entre otros casos.

No pudo haber sido un nacionalista, porque el nacionalista no ama al mundo, ama únicamente su nación. En ese tema la Biblia es muy clara: *"Porque de tal manera amó Dios al mundo, que ha dado a su Hijo unigénito, para que todo aquel que en él cree, no Se pierda, más tenga vida eterna." He aquí una de las grandes diferencias entre el dios de los árabes, y el Dios de la Biblia. Alá pide la muerte de todos los infieles, Jehová ama al pecador. Aunque aborrece el pecado, el Dios de la Biblia no quiere la muerte del impío. La muestra de este amor fue entregar a Su hijo Jesucristo, no solo por la salvación de los judíos, con quienes comienza todo, pero para todo el resto de la humanidad también* **(Romanos 1:16)**.

164. Sigo reflexionando en que Jesús no fue un nacionalista, porque un nacionalista no hubiera expresado las siguientes profecías, todas cumplidas: **1.** Ni en este monte, ni en Jerusalén, el Padre sería adorado en cualquier lugar del mundo **(San Juan 4)**; **2.** Refiriéndose al centro de vida de toda la nación dijo: no quedará piedra sobre piedra que no sea destruido **(Mateo 24)**; entre otras. Fue un patriota, porque prefirió ser sembrado como un grano de trigo en Israel y por Israel (y el mundo), que ser un gran maestro fuera de su país. Pero ultimadamente, lo que deseo expresar es que Jesús no fue nacionalista, y desde su patriotismo, fue más que eso, fue el más grande filántropo (philos = amor; anthropos = hombre, ser humano).

Un nacionalista, necesariamente, por gravedad, tendrá que caer en el terreno de la misantropía. Jesús es todo lo opuesto al odio contra la raza humana, Jesús es la expresión viva del amor hacia todos los seres humanos, sin importar a cuál nación se pertenezca.

165. Una buena parte del liderazgo latinoamericano se ha caracterizado por una autocracia endémica. Se necesita un estudio serio y profundo, para conocer de dónde viene ese estilo de dirigencia. En el caso religioso, hemos visto hombres que, a pesar de poseer carismas especiales, no han podido permanecer en ciertas posiciones ministeriales, por causa de este tipo de liderazgo.

En el aspecto político, la historia enseña el final de la mayoría de las dictaduras, estas han terminado en violencia y además han representado un atraso para sus respectivos países. En el área empresarial, este tipo de liderazgo causa la indolencia del patrono hacia sus empleados. Una característica del autoritarismo es una indiferencia total del dirigente hacia el dolor y el sufrimiento de sus subordinados. Las nefastas consecuencias del autoritarismo, hace necesario que los líderes latinoamericanos aprendan que existe otro tipo de gobierno, y es que muy bien lo dice la Escritura: Cuando los justos gobiernan, el pueblo se alegra. Pero cuando los perversos están en el poder, el pueblo gime. **Proverbios 29:2.**

Solo hay que ser justo a la hora que se ostenta un liderazgo, ya sea eclesiástico, político o empresarial.

Jesús...Referencia para un liderazgo efectivo

166. Jesús fue un líder que pregonó la libertad, la igualdad y la confraternidad entre sus seguidores. Estos tres elementos, fueron reclamados por la Revolución Francesa, entendiendo que con estos se puede crear la comunidad ideal. Los líderes de todas las áreas deben poner sus ojos en Jesús, como el modelo por excelencia de liderazgo efectivo. La Palabra nos dice: *"Cuando terminó Jesús estas palabras, la gente estaba admirada de su doctrina, porque les enseñaba como quien tiene autoridad, y no como los escribas"* **(Mateo 7:28).** Cuando Satanás quiere imitar esta autoridad de Jesús, lo que le sale no es más que autoritarismo. Este estilo de dominio por parte del enemigo es una imitación de mala calidad. Hay esperanza, y el pueblo latinoamericano a través de los estudios, está cada vez más abriendo sus hijos, rechazando cada vez más a todo líder autoritario. Por el camino que va Latinoamérica, estos líderes serán, más temprano que tarde, cosas del pasado.

167. "Reducid pues a vuestro pensamiento a aquel que sufrió tal contradicción de pecadores contra sí mismo, porque no os fatiguéis en vuestros ánimos desmayando." **(Hebreos 12:3 RVA).** No controlar tus pensamientos, ha sido la causa de muchos de tus desánimos. "100.000 pensamiento diario tiene la mujer, y 75.000 el hombre... Y Más del 70% son en clave negativa" (Cristo no está en ellos). Para de pensar ya en las cosas negativas, y toma control de tu mente, meditando en Cristo. De todas formas, está comprobado que el 90% de las cosas que le preocupan a la gente, no han pasado y de hecho nunca sucederán. Por lo que, así como cuidamos de aquellas cosas que tanto apreciamos: un carro, una casa, una prenda de vestir, un instrumento, etc., con mucho más ahínco debemos cuidar de lo que pensamos.

Gandhi lo dijo de esta manera: "Cuida tus pensamientos, porque se convertirán en tus palabras. Cuida tus palabras, porque se convertirán en tus actos. Cuida tus actos, porque convertirán en tus hábitos. Cuida tus hábitos, porque se convertirán en tu destino".

¡Afirma tu decisión de servirle a Dios!

168. Para poder ser un buen cristiano, se necesita imitar la decisión firme y sin vacilación que mostraron hombres y mujeres de fe. Estos, eran personas de carne y hueso como tú y como yo... Seres humanos sujetos a pasiones, temores y debilidades, como tú y como yo. La diferencia entre ellos y muchos creyentes hoy en día es la decisión firme que tomaron de hacer lo que tenían que hacer para agradar a Dios, por encima de sus propias naturalezas.

En el cristianismo contemporáneo hay mucha vacilación, gente que quedan atrapados en un ciclo sin fin de caídas y levantadas... Tanto caerse no es plan de Dios. De hoy en adelante abraza la decisión firme de agradar a Dios, como lo hicieron estos grandes ejemplos:

1. Los tres varones hebreos decidieron firmemente no adorar la estatua del rey, aunque eso le costara una sentencia de muerte: *"aunque nos eches en el horno de fuego, no adoraremos tu estatua"* **(Daniel 3:13-20)**

2. Rut decidió firmemente seguir a Noemí, aunque eso representó abandonar sus dioses, su familia y su país: "...Rut dijo: *No insistas que te deje o que deje de seguirte; porque adonde tú vayas, iré yo, y donde tú mores, moraré. Tu pueblo será mi pueblo, y tu Dios mi Dios"*. **(Rut 1:16)**

3. Daniel decidió firmemente seguir orando al verdadero Dios, aunque eso le costara la vida: Cuando Daniel supo que había sido firmado el documento, entró en su casa (en su aposento superior tenía ventanas abiertas en dirección a Jerusalén), y como lo solía hacer antes, continuó arrodillándose tres veces al día, orando y dando gracias delante de su Dios. **(Daniel 6:10).**

4. Ester decidió firmemente interceder a favor de su pueblo, aunque pudo perecer en el intento: Iré al rey, lo cual no es conforme a la ley; y si perezco, perezco. **Ester 4:16.** Necesitamos volver a los tiempos en donde la gente reconocía que los cristianos eran gente de decisión firme en cuanto a su fe. En los orígenes del cristianismo, este era el concepto que se tenía de un Creyente: "sería mucho más difícil mover de su posición a un médico o a un filósofo, que se fundan tan sólo en la ciencia y en la razón (si bien la frase tiene en su contexto un valor irónico y polémico ¡contra los secuaces de otras escuelas que no aceptan nuevas teorías!) que ...a un cristiano."

169. A propósito de la reflexión anterior, donde alertamos al pueblo que el tanto caer no es de Dios, sería bueno aclarar el verso (mal usado) de **Proverbios 24:16.** *"(Porque siete veces cae el justo, y vuelve a levantarse…)".* Esta porción de la Palabra ha sido manejada por creyentes débiles, y por muchos de nosotros los predicadores, para referir el hecho de que el cristiano, no importa cuántas veces cae en pecado, también se levanta. Cuando aquí habla de caer ¿Se estará refiriendo de dejar los caminos del Señor, o será que está hablando de algo diferente? Definitivamente, que no está refiriéndose a que el justo cae en pecado siete veces y siete veces vuelve al Señor.

Es el contexto que nos deja ver que las caídas referidas acá, tienen que ver con calamidades, pruebas o desgracias que golpean al justo. De hecho, el **verso 15** es el que produce o causa el verso que estamos aclarando (inclusive, el **verso 15** y el **verso 16** componen una sola oración gramatical). Es el contenido del **verso 15** (cuando se le advierte al impío que no sea causa de devastación o calamidad para el justo), que produce el verso 16. Así nos damos cuenta, que las caídas del **verso 16**, se refieren a sufrir robos, pérdidas o calamidades, que causan caídas o retrocesos en su avance o progreso en la vida material del justo. Henry Matthew lo explica de esta manera: "[este **verso 16**] más bien debe entenderse de caídas en la aflicción, que [caídas] en el pecado". A partir de ahora, hay que dejar de usar a **Proverbios 24:16**, como una excusa para la vida cristiana vacilante. Así que deje de estar cayendo y procure a toda costa mantenerse firme, es lo que de nosotros quiere Dios: *Así pues, el que cree estar firme, tenga cuidado de no caer.* **1Corintios 10:12. DHH.**

Nada edifica como el amor

170. He aquí nuestra respuesta, a la pregunta ¿Es **1 Corintios 13:7**, una excusa para que alguien esté encadenado(a) a una relación sentimental destructiva, sufriendo y soportándolo todo? Veamos: **1 Corintios 13**, es el resultado de **1 Corintios 12:31**. En este último verso del **capítulo 12**, después de hablar de los diferentes dones que edifican a la iglesia, anuncia un mejor camino que estos. Nada puede edificar mejor a la iglesia, que el amor. Por eso, el apóstol Pablo lo coloca por encima de todos los dones espirituales. Luego, se toma una buena porción de su carta, para describirlo.

Hay realidades en la Biblia, que son tan profundas, que es mejor describirlas que definirlas. Esta descripción del amor, no se refiere a un sentimiento en particular, sino al amor como la expresión universal del alma que nos vincula a todos: lo Divino con lo humano y viceversa, así como también, a los seres humanos entre sí (y con la naturaleza). Decir que esta gracia perfecta que es el amor es una excusa para que alguien se quede a recibir toda clase de maltratos en medio de una mala relación, es un error. ¿Por qué? Porque el verdadero amor demanda consecuencias. Esto así, porque "un amor sin disciplina es algo irracional".

Es por esa razón, que la Biblia declara una y otra vez que Dios es amor **(1 Juan 4:8)**; pero llega un momento que rebela también, que ese ser todo amor, a la misma vez, es fuego consumidor **(Hebreos 12:29)**.

171. La esencia del amor en Dios es complementada por la condición de fuego consumidor, y viceversa. Es lógico: un Dios todo amor, no iba a ser de bendición para la humanidad. Al igual que un padre, que en todo complace a su hijo, le hará daño, así sería un Dios de puro amor, sin demandar nunca consecuencias frente a los actos de sus criaturas. Guardando la distancia, eso pasa igualmente con la mujer que dice que ama a su marido abusivo. Si ella tolera y acepta todo tipo de maltratos, sin demandar consecuencias de esos malos actos, está confundiendo el amor con la falta de carácter.

De hecho, una de las señales de un hombre abusivo es precisamente decir algo como: "si tú me amas, yo soy todo lo que tú necesitas y tú eres todo lo que yo necesito. Espera que la víctima tenga el cuidado total de sus necesidades emocionales y en el hogar." Es así, que **1 Corintios 13:7** puede ser usado por un hombre manipulador. Sin embargo, lo menos que pensaba el apóstol Pablo mientras escribía unas palabras tan sublimes, es que alguien las iba a usar como un arma destructiva.

Que una persona abusiva, use la Palabra para manipular es algo entendible; pero que alguien se deje abusar a voluntad propia, es ilógico. Sin embargo, y no hay tiempo aquí para describirlo, la psicología le tiene nombre al apego de la persona abusada con su maltratador, le llama "el Síndrome de Estocolmo". estar atado(a) a un ser abusivo, no se llama amor; el soportar y sufrir los abusos de alguien, se llama Síndrome de Estocolmo. Finalmente, pues, lo que hace **1 Corintios 13**, es presentar una descripción del amor.

Este, por encima de los dones espirituales **(1 Corintios 12)**, debe ser la guía máxima de la vida de todo miembro del cuerpo de Cristo (nada que ver con el hecho de estar atado(a) a una relación destructiva).

172. "Síndrome de Estocolmo". El síndrome de Estocolmo se refiere a un grupo de síntomas psicológicos que se producen en algunas personas en cautiverio o situación de los rehenes. Se ha recibido una publicidad considerable de los medios en los últimos años, ya que se ha utilizado para explicar el comportamiento de tales víctimas de secuestro conocidos como Patty Hearst (1974) y Elizabeth Smart (2002).

El término toma su nombre de un atraco a un banco en Estocolmo, Suecia, en agosto de 1973. El ladrón tomó cuatro empleados del banco (tres mujeres y un hombre) en la caja fuerte con él y los mantuvo como rehenes durante 131 horas. Después de que los empleados fueron puestos en libertad, por último, que parecían haber formado un vínculo emocional con la paradoja de su captor, que dijo a los periodistas que vieron a la policía como su enemigo en vez del ladrón de bancos, y que no tenían sentimientos positivos hacia el penal. El síndrome fue nombrado por primera vez por Nils Bejerot (1921-1988), profesor de medicina que se especializa en la investigación de la adicción y se desempeñó como consultor psiquiátrico de la policía sueca durante el enfrentamiento en el banco. Síndrome de Estocolmo es también conocida como Síndrome de Supervivencia de identificación.

Reacción compleja ante situación alarmante

173. Síndrome de Estocolmo se considera una reacción compleja a una situación alarmante, y los expertos no se ponen de acuerdo por completo en todos sus rasgos característicos, o de los factores que hacen que algunas personas sean más susceptibles que otras a desarrollarlo. Una de las razones para el desacuerdo es que no sería ético para poner a prueba las teorías sobre el síndrome mediante la experimentación en seres humanos. Los datos para la comprensión del síndrome se derivan de situaciones de rehenes reales desde 1973, que difieren considerablemente de unos a otros en términos de ubicación, el número de personas involucradas, y los plazos.

Otra fuente de desacuerdo se refiere a la medida en que puede ser el síndrome utilizado para explicar otros fenómenos históricos o más tipos comunes de las relaciones abusivas. Muchos investigadores creen que el síndrome de Estocolmo, ayuda a explicar ciertos comportamientos de los sobrevivientes de los campos de concentración de la Segunda Guerra, miembros de cultos religiosos, mujeres maltratadas, víctimas de incesto, y físicamente o emocionalmente los niños maltratados, así como a las personas tomadas como rehenes por criminales o terroristas."

174. Muchos creen que la cruz de Cristo es soportar cualquier cosa, no es así, Cristo no toleró cualquier cosa; por ejemplo, se indignó y se rebeló contra el sistema imperante en el Templo **(Marcos 11:15-18)**. Tampoco toleró la hipocresía de los fariseos, denunciándolos públicamente como sepulcros blanqueados **(Mateo 23)**. Ni siquiera la necedad de Herodes pudo soportar, guardando silencio ante tanta falta de respeto **(Lucas 23:8-9)**. Estos, son solo unos pocos ejemplos de que llevar la cruz no es soportar cualquier cosa. De hecho, la cruz de Cristo es rebelión. El Maestro se rebeló contra Satanás **(Mateo 4)**, contra el pecado **(San Juan 8:11)**, contra la hipocresía de los que se decían maestros de la ley y no la guardaban **(San Juan 7:19)**, contra el sufrimiento de los pobres **(Mateo 14:14)**, contra las enfermedades del pueblo **(Mateo 14:14)**, contra la enemistad entre judíos y gentiles **(Efesios 2:16)**, entre muchas otras cosas más. La cruz fue la manera enérgica de Jesús, con la cual combatió el mal.

La cruz no es soportar cualquier cosa de manera pasiva, la cruz es acción. Una de las grandes acciones de la cruz fue [anular] el acta de los decretos que había contra nosotros, que nos era contraria, quitándola de en medio y clavándola en la cruz **(Colosenses 2:14)**. La cruz no fue un pacifismo sin sentido: aquello fue una guerra contra los principados y las potestades, exhibiéndolos públicamente, triunfando sobre ellos en la cruz **(Colosenses 2:15)**.

Todo lo que sufrió Jesús, que a la misma vez no fue cualquier cosa, lo hizo con un objetivo muy claro: Él estaba componiendo una obra maestra llamada fe. El escritor a los Hebreos lo dice de esta manera: *Puestos los ojos en Jesús, el autor y consumador de la fe, el cual por el gozo puesto delante de él sufrió la cruz, menospreciando el oprobio, y se sentó a la diestra del trono de Dios* **(Hebreos 12:2)** (...) La próxima vez que alguien quiera usarte, y hacer de ti lo que sea porque tú eres cristiano, piénsalo dos veces. Sufre lo que tengas que sufrir, pero no sufras cualquier cosa y sin sentido, eso no es la cruz de Cristo, pues así mismo también lo dice un proverbio: *Si los pecadores quieren engañarte, ¡no se lo permitas, hijo mío!* **Proverbios 1:10. DHH.**

175. Soy dominicano, y como tal tengo ciertos conocimientos que por mi nacionalidad me fue de carácter obligatorio, (por así decirlo), conocer... A la llegada de Colón, el 05 de diciembre del 1492, comienza la incursión del idioma del idioma español en isla de Hispaniola. Así que, ya tenemos a indios y españoles interactuando. Luego, a partir de dicho encuentro de culturas, el tráfico de esclavos negros hacia américa se hizo por miles. Aquí ya tenemos tres razas distintas, habitando la isla La Española. Es de esta mezcla de razas, que surge el pueblo dominicano.

Con tantos intereses económicos, raciales y políticos envueltos, surgieron muchas ideas de qué debería ser aquella liga. Unos, decían que debería ser solamente la nación de Haití, otros deseaban unirse a la gran Colombia, otros que deberían anexarse a España. Como una locura, y algo con muy pocas posibilidades, algunos deseaban establecer a los dominicanos como una nación libre e independiente de toda fuerza extranjera. Esta llama que ardía en los dominicanos fue el fruto de la Revolución francesa, en 1789, con sus tres ideales: Libertad, Igualdad y Fraternidad.

"En 1838 y después de regresar de estudiar en Europa y convencido por los vientos del Liberalismo que azotaban el viejo continente, Juan Pablo Duarte funda la organización secreta La Trinitaria cuya meta fue la creación de una Patria independiente de toda dominación extranjera". "Aunque Juan Pablo Duarte, el Padre de la Patria, se hallaba ausente, la noche del martes 27 de febrero de 1844, en la Puerta del Conde de la ciudad de Santo Domingo, la República Dominicana era proclamada por Francisco del Rosario Sánchez, jefe del movimiento tras la ausencia de Duarte, Tomás Bobadilla y Briones, representante de los conservadores, Ramón Matías Mella, Manuel Jiménez, Vicente Celestino Duarte, José Joaquín Puello, Gabino Puello, Eusebio Puello, Eduardo Abreu, Juan Alejandro Acosta, Remigio del Castillo, Jacinto de la Concha, Tomás de la Concha, Cayetano Rodríguez, Félix María del Monte y otros patriotas, quienes expresarían a las autoridades haitianas su indestructible resolución de ser libres e independientes, a costa de nuestras vidas y nuestros intereses, sin que ninguna amenaza sea capaz de retractar nuestra voluntad."

¡Ten cuidado de las cosas que escuchas!

176. Jean Francois Lyotard, en su libro La Condición Postmoderna, asociando esta etapa de la sociedad mundial presente, con el saber, dice lo siguiente: "todo el saber queda afectado por la comunicación". Así que, una vez el saber es transmitido a través de los diferentes medios de comunicación, este no quedará igual. En este mismo sentido, se entiende que el saber es de mucho valor, así que se convierte en un producto más a ser vendido y consumido (es decir, comercializado). Es por tal motivo, que los países más poderosos harán uso del mismo, con el objetivo de "dominar territorios, dominar la explotación de materias primas, mano de obra barata", etc. Entonces, no será raro que estas naciones se esfuercen en dominar la información; la cual sería sinónimo de conocimiento, y quien domina el conocimiento, tiene el poder.

En los dos países en los cuales está mi mente y corazón: Estados Unidos y República Dominicana, en recientes revelaciones, (gracias a escándalos de corrupción y política), son un ejemplo del tema en cuestión. En Estados Unidos existe una guerra abierta, entre la Casa Blanca y los medios de comunicación, para determinar cuál de los dos va a controlar la información. En República Dominicana, después de reemplazar la Junta Central Electoral, se descubrió la exorbitante nómina de comunicadores que poseía dicho organismo a los que se les llama trompetas del estado. ¿Por qué? Porque la información controla a las masas. Quien controle la información, automáticamente controlará a las masas.

177. Siguiendo en el mismo tenor de reflexión, nunca te has puesto a pensar, ¿cómo fue que la multitud, que había sido bendecida por Jesús, llegó a pedir que suelten a Barrabas en vez de al Justo? **Lucas 23:18**: *"Mas toda la multitud dio voces a una, diciendo:*

¡Fuera con éste, y suéltanos a Barrabás!" Es Mateo, el que nos revela la causa de esta decisión de la multitud. **Mateo 27:20**, dice: *"Pero los principales sacerdotes y los ancianos persuadieron a la multitud que pidiese a Barrabás, y que Jesús fuese muerto".* La multitud no actuó espontáneamente, fue inducida a hacerlo. Esta maniobra, fue realizada por aquellos que de generación en generación dominaban el arte de la manipulación.

En nuestro mundo postmoderno, la situación continua exactamente igual. Existen grupos, poderes, líderes, como usted quiera llamarle, que saben cómo dominar a las masas, a través del poder y del dominio de la información. Solo unos pocos dentro de la multitud, pueden distinguir la diferencia entre el verdadero saber, y la información acomodada a intereses dominantes. ¿Cómo cuidarnos de este peligro de la postmodernidad que nos muestra Jean Francois Lyotard? Simplemente: no creáis en todo lo que ves y oyes en los medios de comunicación. Como dijo Malcom X: "Si no estáis prevenidos ante los medios de comunicación, os harán amar al opresor y odiar al oprimido." Esto es un llamar a lo malo bueno, y a lo bueno malo, tal como lo profetiza Isaías.

178. Cuando Jesús fue rechazado por una aldea de samaritanos en **Lucas 9:52-53**, aunque los discípulos se enojaron, el Maestro sencillamente decidió ir a otra aldea **(Verso 56)**. ¿Qué pasó en aquellas otras aldeas a donde el poder de Dios llegó? **Capítulo 10:9 y verso 17:** los enfermos fueron sanados y los demonios fueron echados fuera. Este es el mensaje: cuando rechazamos a Jesús, simplemente alguien más recibirá las bendiciones. Siempre habrá quien rechace, pero siempre habrá quien reciba a Jesús.

179. Una palabra muy común, especialmente entre personas de mediana edad, es la de "reinventarse". "Reinventarse no significa cambiar quién se es, sino cambiar la forma de ser y de estar en el mundo. Para ello, uno ha de salir de su zona de confort, de su ámbito conocido y familiar" (Mario Alonso Puig). Jesús de Nazaret le dio un giro tal a su vida, a la edad de 30 años según la tradición, que sorprendió a todos aquellos que lo conocían hasta ese momento. En su condición de familia humilde la gente se preguntaba *¿No es éste el hijo del carpintero? ¿No se llama su madre María, y sus hermanos Jacobo, José, Simón y Judas?* **(Mateo 13:55).** En su condición de ciudadano de una ciudad sin renombre, un buen judío se preguntó: *¿Puede algo bueno salir de Nazaret?* **(San Juan 1:46).**

Desde su condición de falta de estudios formales, los judíos se preguntaban ¿Cómo sabe éste letras, sin haber estudiado? **(San Juan 7:15).** Desde la fe conocemos las respuestas a todas estas preguntas, pero desde el punto de vista de sus contemporáneos, aquello fue el más grande reinvento personal jamás visto en la historia. No solo lo hizo consigo mismo, sino que también reinventó la vida de doce hombres. La mayoría de ellos, eran pescadores e hijos de pescadores, destinados a vivir toda su vida en dicha profesión. Sin embargo, un buen día pasó por ellos y los convirtió en pescadores de hombres **(Mateo 4:18-20).**

Aquello que buscas: una nueva vida, un cambio radical de propósitos, una nueva forma de estar en el mundo, todo eso y mucho más, te lo puede dar el Señor. Es justamente eso lo que ofrece el evangelio, una nueva forma de vida. Romanos nos dice: *"a fin de que como Cristo resucitó de los muertos por la gloria del Padre, así también nosotros andemos en vida nueva."* **Romanos 6:4. (...)** ¡Así que, a Reinventarse! Pero que sea en Cristo Jesús.

180. Un poco más de la "Condición Post-moderna" de Jean Francois Lyotard, para compararla con la situación en los tiempos de Jesús: hoy en día, vivimos una deslegitimización del saber, no por el saber en sí, sino por los medios a través de los cuales se transmite el saber. Así que, esta ciencia que no tiene autoridad no es una ciencia auténtica. Todo este poder que domina los medios hace que el verdadero saber quede ahogado. Por ejemplo "las universidades pierden su función, al ser despojadas de su responsabilidad de investigar". De lo que se trata, es del poder de los medios sobre la ciencia.

Siendo que los Estados son los que aportan los recursos para la investigación y la subsecuente difusión de la misma, es lógico que ese poder se siga incrementando a favor de los que dominan. En su tiempo, Jesús tuvo que corregir la distorsión en el saber, lo cual tenía al pueblo en un camino incorrecto. Básicamente, en el *"oísteis que fue dicho"* y en todo el resto del Sermón del Monte **(Mateo 5-7)**, Jesús enseña el verdadero saber de la ley. Esta última, había sido distorsionada totalmente. Esto, con el objetivo de avalar las agendas de los dirigentes. Por tal motivo, en el que oísteis que fue dicho", Jesús no corrige la ley, sino la distorsión de la que había sido objeto.

Al final de esta corrección en el saber de la ley, la gente reconoce que esta manera de enseñar la Palabra era muy diferente a la de los escribas **(Mateo 7:28-29)**. Estos líderes, por su manera errónea e interesada de enseñar las Escrituras, habían vaciado el saber de toda autoridad. El problema no está en el saber en sí, el problema está en los dirigentes que con sus agendas ocultas distorsionan la sabiduría, haciéndola inefectiva en la vida de las personas. Dentro de estas agendas ocultas, está la agenda económica. Algunos distorsionan el saber bíblico, con el propósito de obtener ganancia de parte del pueblo **(Tito 1:11)**. También está la agenda humanista: algunos distorsionan el saber bíblico, con el propósito de exaltación humana **(Mateo 23:6-8)**; entre otras. El problema no está en la época bíblica o en la post-moderna, sino en el corazón del hombre.

La avaricia se puso de moda

181. El materialismo en el cristianismo es uno de los males más dañinos. En cuanto a este tema, uno de mis profesores en Fuller, el Dr. Osías Segura Guzmán, escribió un libro interesante titulado: "Riquezas, Templos, Apóstoles y Super-apóstoles". En el mismo, desde la perspectiva de mayordomía cristiana, se denuncia el desmedido énfasis en el dinero. Algunas de sus líneas dicen: "Estos líderes o pastores religiosos, a quienes podemos llamar Súper-apóstoles, predican una teología que refuerza pragmáticamente las propuestas básicas de una economía de mercado, y con ella, amparados en la Biblia, justifican el consumismo y el goce egoísta de los bienes terrenales, algo que va en contra de lo que las Escrituras enseñan."

Llevando con ello a sus oyentes a enfilarse en la carrera de la avaricia, definitivamente que el materialismo, es algo que siempre ha estado presente en el cristianismo. Por ejemplo, Pablo escribe: *"Nosotros no andamos negociando con el mensaje de Dios, como lo hacen muchos" (2 Corintios 2: 17a).* Sin embargo, también es claro que el giro constantiniano vino a impulsar el materialismo, entre otros muchos otros males, en la comunidad cristiana.

El contraste, entre el efecto del giro constantiniano sobre la comunidad cristiana y lo que el libro de los Hechos enseña acerca de la misma, es enorme. Este giro, no marca por sí mismo todo este cambio negativo entre la iglesia primitiva y la contemporánea, pero sí establece el principio del deterioro. En sus inicios, la iglesia era una comunidad muy sufrida. Uno de sus grandes sufrimientos, era la pérdida de sus bienes materiales por causa de las persecuciones. Pérdida que se resalta ya en la misma Biblia, dejando ver que ellos eran capaces de soportar tal cosa, porque esperaban mejores bienes de parte de Dios.

Así lo expresa el autor de la Carta a los **Hebreos: "... *Y cuando a ustedes les confiscaron sus bienes, lo aceptaron con alegría, conscientes de que tenían un patrimonio mejor y más permanente"* (Hebreos 10:34).** El materialismo, el cual exalta las posesiones, por encima de lo espiritual, es una ideología que evidentemente daña, socaba el mensaje central del cristianismo, impulsa al creyente a vivir una vida avariciosa: Cristo (la salvación), es el bien supremo entre nosotros Su cuerpo, no las cosas materiales.

182. Unas cortas palabras en base a Heidegger: el conocimiento es como el horizonte, que por más que se avanza, siempre habrá un espacio desconocido a lo lejos.

De hecho, aunque la Biblia responde a muchos temas tales como: la creación, la salvación, etc. También es claro, que ella plantea un conocimiento lejano cual horizonte. Por ejemplo, en el momento en que ella muestra a un Dios infinito, automáticamente sitúa un horizonte muy lejano. Esto así, porque toda mente es finita, donde no puede jamás caber todo ese conocimiento Divino. Así que, este conocimiento es muy profundo, y a veces nosotros los cristianos queremos quedarnos en la superficie.

¿Por qué quedarnos en las afueras, cuando la verdad es que hay un universo infinito de conocimiento esperando por nosotros? Avancemos hacia el conocimiento de Dios, aunque siempre tengamos un horizonte a lo lejos: *Y conoceremos, y proseguiremos en conocer a Jehová; como el alba está dispuesta su salida, y vendrá a nosotros como la lluvia, como la lluvia tardía y temprana a la tierra.* **Oseas 6:3.**

La esperanza es lo que dijo Pablo: *"Ahora vemos por espejo, oscuramente; más entonces veremos cara a cara. Ahora conozco en parte; pero entonces conoceré como fui conocido"* **(1 Corintios 13:12).** Mi corazón se regocija al pensar en un mundo sin horizontes, viviendo en las profundidades del conocimiento total. Por eso no te limites en conocer más de Dios y de sus cosas.

183. ¿Estamos preparados para ministrar a los homosexuales? El Sr. Gianni Vattimo, escribió un libro titulado, "Creer que se cree". En él, Vattimo (abiertamente homosexual), expresa que desea volver a creer. Sí, volver a creer, porque fue criado en las enseñanzas del cristianismo católico, y por su orientación sexual y estudios de filosofía, terminó apartado de su fe. Él dice, que la vida da golpes (como la pérdida de un ser querido, por ejemplo), que te llevan a querer volver al camino. En medio de una situación tan dolorosa como esa, llamó a un amigo sacerdote, el cual, al preguntarle que, si todavía él creía en Dios, Vattimo contestó: "yo creo que creo".

Sería fácil para mí, juzgar al Sr. Vattimo, y responder a la defensiva a sus ataques contra la iglesia católica (que en cierto modo es una crítica a mi iglesia evangélica pentecostal también, ya que hay mucho en común en cuanto a cómo tratamos a los homosexuales). Sin embargo, es mejor ser objetivos, y aceptar el reto que él lanza: primero, de avocarnos a un diálogo, dejando a un lado los dogmas; y segundo, a tomar el amor de Dios, como la guía para nuestro quehacer teológico.

Personalmente, he transmitido mi inquietud a líderes superiores a mí, en el sentido de que no estamos preparados para ministrarle efectivamente a esta minoría. Es un reto que tenemos, de que, aunque no nos pongamos de acuerdo con ellos en asuntos doctrinales, pero por lo menos, que ellos no nos perciban como un ejército marchando a la guerra contra sus vidas (así dice Vattimo que ellos sienten a los cristianos muchas veces). Si así lo hacemos, podremos crear puentes para que muchos, al igual que el Sr. Vattimo, deseen volver a creer. ¿Que si estamos preparados para ministrarles? La respuesta es no. ¿Cuál es el problema? Que estamos impelidos a compartir el evangelio con todo el mundo, así lo expresa **San Juan 3:16 y Marcos 16:15.**

Hay que crear puentes

184. A veces, estamos listos para abrazar al borracho, al político que habla mentira ni se diga, a la trabajadora sexual, y todos los demás tipos de pecadores. Sin embargo, al ver a un homosexual, lesbiana o transgénero, algo nos paraliza, y la libertad para proclamar el evangelio en el orden correcto, desaparece. ¿Cuál es la manera correcta de predicar el evangelio? Creando puentes. Vemos siempre a un Jesús, creando puentes entre él y la persona a ministrar, antes de hacer el milagro en ellos: por ejemplo, a Zaqueo le dijo baja de ahí, que hoy voy a comer en tu casa.

Jesús creaba tanta conexión con el pecador, que llegó un momento en que los fariseos preguntaron: *¿Por qué Él come y bebe con recaudadores de impuestos y pecadores?* **Marcos 2:16.** De hecho, Jesús mismo es un puente. Cristo es ese paso que conecta a la humanidad con su creador. En la sociedad judía, no había nada peor que un Publicano, y Jesús se conectó con ellos **(Lucas 19)**. O mujeres "de mala fama", y el Maestro se abrió a ellas **(San Juan 4; Lucas 7:36- 50)**. ¿Estamos preparados para ministrar a las personas de la comunidad LGBT? Si crees que no lo está, esfuérzate por estarlo, porque lamentable y tristemente esta comunidad viene teniendo un gran auge y crecimiento.

185. El postulado de Peter Scazzero en pocas palabras: Para poder ministrar libremente, hay que sanar las heridas y despojarse de las cargas del ayer. Ya que solo con una personalidad original y madura, podremos ser verdaderamente de ayuda para otros.

Que el machismo no te domine

186. Este es un mundo inclinado al androcentrismo: la autoridad que Dios le dio al hombre (aunque en realidad fue a ambos), cayó en una degeneración tal, que la mujer en vez de ser protegida y valorada por este fue menospreciada, convertida en una sombra por debajo del sexo masculino. Por tal razón, muchas cosas, entre ellas la teología, han sido hechas por hombres y para hombres. Por tal motivo, haciendo una lectura objetiva de la Biblia (ni machista, ni feminista), vemos que algunas cosas que nos han enseñado deberían ser revisadas: por ejemplo, se nos ha dicho que el primer misionero hacia los gentiles fue Pablo, cuando en realidad vemos a la mujer samaritana llevando por primera vez el mensaje de salvación a una nación no judía, al pregonar a viva voz que había encontrado al Cristo; se nos ha dicho que el primero en reconocer a Jesús como el hijo del Dios viviente fue Pedro, pero qué de Elizabeth, quien llena del Espíritu Santo, lo reconoció como tal, estando El aún en el vientre de su madre María.

A propósito de esto, en esa misma escritura se registra el hecho de que la misma Elizabeth, es la primera persona en el Nuevo Testamento, en profetizar movida por el Espíritu Santo. Continuando con las aclaraciones, en la Biblia leemos que mientras Pedro y otros huyeron asustados, vemos a las mujeres firmes al pie de la cruz. Y como si todo esto fuera poco, la persona en dar la noticia más grande del mundo, "que Jesús había resucitado", fue dada por una mujer. Todas las mujeres deben saber que son muy estimadas por el Señor, y además son una parte importantísima en el plan de salvación.

187. En la película "Hombres de Negro", con Tommy Lee Jones y Will Smith, hay una escena en donde Tommy Lee Jones abre un casillero, y dentro del mismo, vivía una raza de seres pequeños. El personaje de Will Smith, muy orgulloso de ser de una raza más grande y sentirse que vive en un mundo enorme, muestra su pesar por la miserable vida de esos seres diminutos viviendo en un casillero.Cuando su mentor escucha eso, responde "¡NOVATOS!", y golpea una puerta que se abre.

Resulta que, de repente, ambos personajes están viviendo en un casillero también. Ellos, están mirando a seres tan enormes que ni siquiera voltean a ver a estos terrícolas insignificantes. Así que, la percepción del personaje de Will Smith, de que ellos como humanos vivían en un gran mundo, queda desvanecida.

Estereotipar a las razas es un grave error. Todas las naciones tienen sus impresiones erróneas sobre otras personas, producto de la ignorancia: para muchos norteamericanos, en esta parte de Estados Unidos, todos los hispanos son "mexicans". Para muchos dominicanos, todos los haitianos son negros, y todos los orientales son chinos, y así sucesivamente. Dentro de esa cantidad de compatriotas, otros tantos son de la capital, y entonces como capitalinos, también hay estereotipos en contra de aquellos que son del campo. Esto, va dando cierta ínfula de grandeza.

De repente, ese dominicano sale de su país, y se da cuenta que, para muchos en el extranjero, ese país llamado República Dominicana, ni si quiera existe. Una pregunta común para los que vivimos en Estados Unidos es: Where are you from? ¿De dónde eres? Cuando me la hacen a mí, les respondo: "Yo soy de República Dominicana", y personas del Oriente normalmente me hacen una segunda pregunta: Where is it at? (¿Dónde queda eso?), y yo he aprendido a responder: "Near Haiti", "Haiti and Dominican Republic share an island" ("Pegado de Haití", "Haití y República Dominicana comparten una Isla"). Entonces ellos dicen: "Aaah". Y la pregunta que quizás usted se haga es ¿Por qué? Porque aquí en estos países, Haití es más conocido que República Dominicana. El conocimiento del mundo destruye esas ínfulas de grandeza nacionalistas que se crean las personas en sus respectivos países.

A veces las cosas no son como las ves

188. *El, mirando, dijo: Veo los hombres como árboles, pero los veo que andan. Luego le puso otra vez las manos sobre los ojos, y le hizo que mirase; y fue restablecido, y vio de lejos y claramente a todos.* **Marcos 8:24-25.**

La escena anteriormente mencionada de la película Hombres de Negro, enseña que ni siquiera todo nuestro mundo es grande. No somos más que una partícula de polvo, girando alrededor de una estrella más, en algún rincón del universo. A todo aquel que se crea superior, le digo lo que ya Galileo Galilei demostró hace muchos años: "no somos el centro del universo". Es ante una revelación tal, que el salmista se preguntó: *"Cuando veo tus cielos, obra de tus dedos, la luna y las estrellas que tú formaste, Digo:*

¿Qué es el hombre, para que tengas de él memoria, y el hijo del hombre, para que lo visites?" **Salmos 8:3-4.** La próxima vez que veas a alguien estereotipando a otras personas, con ínfulas de grandeza, recomiéndales el siguiente video:

https://youtube.com/watch?v=7bykU1Mqxjs

189. Muchos de los que pertenecen al neo- pentecostalismo, pareciera que tienen una carrera a toda marcha, para ver cuál de ellos se aleja más rápido del mensaje de la cruz. No saben que, con eso, convierten al cristianismo en una religión más. Ellos dicen ¿Pero nuestras iglesias se están llenando de personas, aun cuando no le damos énfasis al mensaje de la cruz? Y yo les digo: ¿Sabes cuál es la creencia que más fieles tiene en el mundo, después del cristianismo (2100 millones)? El islam (1600 millones). "El Islam ofrece una solución para todos los problemas de la vida, es una guía hacia una vida superior y feliz" (no predica la cruz).

Lo propio ocurre con el Hinduísmo (950 millones): "algún día alcanzarás el Nirvana". Es decir, algún día el alma de la persona se fundirá con la divinidad (no predica la cruz). Y qué decir del

Budismo, el cual tiene una cantidad de 400 millones de fieles. Según las enseñanzas budistas y los hindús lo creen también, lo que hay es que abrir los chakras que hay en nosotros. Todos los chakras contribuyen al bienestar del ser humano (no predica la cruz).

¿Se dan cuenta? Todas estas religiones, sin el mensaje de la cruz, han arrastrado a millones de seguidores. El reunir millones de seguidores, no es señal de que estemos por buen camino. Esa carrera desmedida, de ver quién predica el mensaje más glorioso despojado de la cruz, debe ser rechazada. Pareciera que los nuevos pentecostales, han sido seducidos por la teología de la gloria, y se sienten avergonzados de la bajeza de la cruz.

"Es a tal Teología de la Gloria a la que Lutero contrapone su Teología de la Cruz, que no busca a Dios en la especulación embriagadora sobre la majestad deslumbrante de Dios, sino que lo busca en la locura y en la estulticia de los sufrimientos y la crucifixión de Cristo; quien lo busca allí lo encontrará revelado". ¿Sabes por qué Martin Lutero tiene razón y los del nuevo pentecostalismo que suprimen la cruz han tomado un camino erróneo? Sencillo: solo imaginémonos por un segundo, que Cristo hubiera sido seducido por la gloria ¿Qué hubiera sido de nosotros? Piénsalo...

La Biblia registra dos eventos importantes en cuanto a esto: **1ro.** Dice que Él se despojó de la gloria de Su Padre: *El cual, siendo en forma de Dios, no estimó el ser igual a Dios como cosa a que aferrarse, sino que se despojó a sí mismo, tomando forma de siervo, hecho semejante a los hombres; y estando en la condición de hombre, se humilló a sí mismo, haciéndose obediente hasta la muerte, y muerte de cruz.).* **Filipenses 2:6-8.**

2do. Dice que Él rechazó la gloria que se le ofrecía de este mundo: *Otra vez le llevó el diablo a un monte muy alto, y le mostró todos* *los reinos del mundo y la gloria de ellos, y le dijo: Todo esto te daré, si postrado me adorares. Entonces Jesús le dijo: Vete, Satanás, porque escrito está: Al Señor tu Dios adorarás, y a él sólo servirás.* **Mateo 4:8-10.**

Tan vital es el mensaje de la cruz entre nosotros, que Jesús dijo las siguientes palabras: *"el que no toma su cruz y sigue en pos de mí, no es digno de mí"* (**Mateo 10:38**). Quitar la cruz al cristianismo, y dejarlo solo con el mensaje de gloria, es convertir el evangelio en una religión más, no digna de Cristo.

190. "15,4 millones de refugiados existen en todo el mundo, según datos de la Oficina de Alto Comisionado de las Naciones Unidas para los Refugiados. El refugiado huye de los conflictos armados y sociales de su país o región, escapa del hambre y de la pobreza, de la persecución y de las violaciones a los derechos humanos.

La Convención de 1967 sobre el Estatuto de los Refugiados los define como "las personas que tienen un temor fundado de persecución debido a su raza, religión, nacionalidad, membresía en un grupo social específico, u opinión política. Además, se encuentra fuera de su país de nacionalidad y no puede obtener la protección de su país, de donde es nacional, o de residencia habitual, o no puede volver ahí, por temor de persecución".

"Esto no es nuevo, de hecho, en un momento determinado de su vida, la familia mesiánica tuvo que refugiarse en Egipto, para salvar la vida del niño Dios. Esto es citado en **Mateo 2:23**, de la siguiente manera: *"Después que partieron ellos, he aquí un ángel del Señor apareció en sueños a José y dijo: Levántate y toma al niño y a su madre, y huye a Egipto, y permanece allá hasta que yo te diga; porque acontecerá que Herodes buscará al niño para matarlo."* A su vez, para ir más atrás en el tiempo, Jesús (el refugiado) es un reflejo de Israel y su familia; quienes a su vez también tuvieron que refugiarse por causa del hambre en Egipto **(Génesis 46).**

191. Nadie llega a donde está solo, siempre hay personas que Dios usa para ayudarte a crecer espiritual y ministerialmente: Josué tuvo a Moisés, los discípulos a Jesús, Pablo a Bernabé, Timoteo a Pablo. Ya sea directa o indirectamente, con intensión o sin ella, toda persona de éxito ministerial ha tenido un mentor.

El evangelio es poder de Dios

192. Cuando Pablo escribió: *"Porque la palabra de la Cruz es locura para los que se pierden…"* **(1 Corintios 1:18 a.)**, lo hizo a un mundo dominado por la cultura greco- romana. En dicha cultura, se tenía una idea bastante clara de cómo debía ser un salvador o héroe. Los cinco héroes más grandes de la mitología griega así lo muestran: **1.** Hércules, **2.** Aquiles, **3.** Odiseo, **4.** Teseo, **5.** Jasón. Todos estos, tenían en común: "fuerza, valor, elocuencia, voluntad, dignidad, inteligencia, belleza, ingenio". Entre estas cualidades, lo primero, lo número uno que tenía que mostrar un salvador, era su belleza y valor.

"Los antiguos griegos estaban obsesionados con la estética y la belleza por encima de todo". Además de eso, un salvador debía ser alguien que venciera a todos y no ser vencido de nadie. En franca contraposición a esto, la Biblia dice claramente que el Mesías era sin atractivo **(Isaías 53:2).** Luego, el hombre de la cruz daba la apariencia de haber sido vencido y aplastado; además de que allí, cualquier vestigio de estética fue borrado.

Definitivamente, Jesús en la cruz, no cumplía con ninguno de los requisitos griegos para ser un salvador o héroe. Decir tal cosa, era, en palabras del apóstol Pablo, "moros". Moros, de donde viene la palabra Morón, un retardado mental. La predicación de la cruz, parecían palabras de un retardado mental, ya que todos los "cuerdos", saben muy bien cómo debe ser un héroe en este mundo greco-romano. ¿Será que esta, la cual es la cultura madre de nuestro mundo, ha podido más que la predicación de la cruz entre algunos de nosotros? Muchos de nuestros predicadores, parecen más buscar la presentación estética del mundo greco-romano, que la presentación misma del Cristo que dicen exaltar.

Algo muy interesante, es que el mismo escritor de **1 Corintios 1:18,** nuestro verso en cuestión, al igual que el Mesías, no tenía una apariencia de belleza atractiva. John F. MacArthur, hablando acerca de "las debilidades" del Apóstol Pablo dice: "todo lo que decían acerca de su debilidad humana era cierto. Pablo no era atractivo. No era nada especial." Por otro lado, tener una buena presentación personal, en un mundo como este, es algo necesario. Sin embargo, querer sustituir la cruz de Cristo (porque es algo no muy agradable para los oyentes), por valores de estética greco-romanos, es algo antibíblico. Nunca debemos olvidar la segunda parte de **1 Corintios 1:18:** mientras la predicación de la cruz es locura para los que se pierden, para los que se salvan, esto es, a nosotros, es PODER DE DIOS.

193. Gran parte del mundo no puede glorificar a Dios, porque no hay una comunidad cristiana que dé el testimonio de vida pertinente. En ese sentido, una de las mejores respuestas que he leído, a la triste famosa frase de Nietzsche: "Dios ha muerto", viene de Heidegger. Él dice, que el dios que denuncia Nietzsche como muerto, es el dios de los cristianos (refiriéndose a la iglesia tradicional). Pero continúa explicando el filósofo algo muy importante, que, para Nietzsche, una cosa es la cristiandad pura y otra la manifestación de la iglesia. En ese sentido, quien ha muerto es el dios que proyecta esa iglesia con sus políticas y teologías paganas.

Esta respuesta tiene aspectos importantes a resaltar: **1ro.** Sin negar que Nietzsche fuera anticristiano, su lucha más bien fue anti-eclesiástica, por la incongruencia entre el accionar de la iglesia y las enseñanzas del Dios de la Biblia. **2do.** Tanto este filósofo, como todo el mundo, rechazará a un dios distorsionado por el accionar de una iglesia, que no proyecta de manera adecuada la vida de Cristo. El Maestro nos advirtió de esto en **Mateo 5:16:** *"Brille vuestra luz delante de los hombres, para que vean vuestras buenas acciones y glorifiquen a vuestro Padre que está en los cielos."*

194. Hay una característica de Dios, que muy pocas veces resaltamos de forma puntual. Esta es la que concierne al hecho, de que Dios "ve y actúa". Desde **Génesis 1**, se nos dice que "vio Dios…" Lo primero que se nos informa que Dios vio, fue la luz **(V.4)**, y a seguida juzga que es buena y toma una acción "la de separarla de las tinieblas". A partir de ahí, siempre que se nos dice que Dios ve algo, viene seguido de algún tipo de acción. Cada vez que El veía que su creación era buena, eso lo llevaba a seguir creando otras cosas más. Igual que en el Antiguo Testamento, así mismo en el Evangelio de Marcos, en el mismo primer capítulo también, se nos dice que Jesús "ve…" En este caso, vio a dos hombres: Jacobo y Juan; Luego, toma la acción de llamarlos **(Marcos 1:19-20).**

Volviendo al Antiguo Testamento, cuando en Génesis 6 Dios vio la maldad de los hombres, tomó la decisión de raerlos de la tierra (y así lo hizo, solo con la excepción de Noé y su familia). Así que, siempre que Dios "ve, actúa". Todo lo contrario, a Dios, en este sentido, lo fue Elí. Este siervo, se hacía de la vista gorda frente a serias situaciones que pasaban en su propia casa **(1 Samuel 2).**

¿Cuántos de nosotros nos parecemos a Dios o Cuántos de nosotros nos parecemos a Elí? ¿Cuántas veces hemos visto que algo es bueno, y porque no fue nuestra idea no seguimos por ese camino? O ¿Cuántas veces hemos visto el potencial en alguien, y por algún tipo de agenda o razones personales, no lo llamamos y comenzamos a entrenarlo? O ¿Cuántas veces hemos visto el mal y solo hemos dicho unas cuantas palabras, sin tomar ninguna acción tal y como lo hizo Elí? Es tiempo de pedir perdón a Dios y ser más como El, que ve y actúa.

195. Algo sobre "Comunidad Cristiana", de Dietrich Bonhoeffer. El cristiano tiene que vivir en comunidad, aun cuando esto represente vivir entre sus enemigos. Por otro lado, siendo que el individuo no puede salvarse a sí mismo, ya que en él solo existe muerte, necesita recibir esa salvación desde fuera. Dicha salvación viene de Jesucristo, y por causa de Cristo, el creyente necesita de otros para no "extraviarse". Esta comunidad debe dar a luz lo que se conoce como, "Confraternidad Cristiana". Así mismo, los pastores que dirigen estas comunidades no están para quejarse de las fallas de sus integrantes.

La queja, debe ser sustituida por el dar gracias a Dios. Además de compartir los valores espirituales, la lectura bíblica, las oraciones y los cantos, esta comunidad debe compartir la mesa también. Algo muy importante en dicha comunidad, es el "servicio cristiano"; en donde hay tres grandes labores: "escuchar, ayudar y soportar". Por otro lado, algo mortal en medio de esta comunidad, es el pecado. Una manera de romper con el pecado, es confesarlo [como señal de renuncia al mismo].

Y allí estaba escondido su poder

196. El micrófono de iglesia pentecostal, si pudiera hablar por sí mismo ¿Qué diría? El micrófono de iglesia pentecostal tiene una extraña influencia, que hace que aquel que solo iba a saludar, predique. El micrófono de iglesia pentecostal tiene un poder enorme: Recuerdo un par de amigos míos, que casi se dormían en sus sillas mientras el servicio se desarrollaba; sin embargo, tan solo cuando le poníamos el micrófono en la mano, algo sobrenatural pasaba en ellos, y ese era el momento en que Dios se derramaba. ¿Qué será que solo ante un micrófono y una cámara de video, es que la unción se hace evidente en algunos?

Y pensar que Jesucristo nunca tuvo un micrófono en sus manos, y aun así el Espíritu de Dios fue sobre El. Tampoco, Pedro, ni Pablo, ni nadie de la iglesia del primer siglo tuvo un micrófono en sus manos. Sin embargo, se ganaron a todo el mundo conocido de su época.

La unción nunca estuvo en la vara de Moisés, ni siquiera en el Arca; tampoco el lugar santísimo tenía poder en sí mismo. El poder sanador que curó a Naamán no estaba en las aguas del río del Jordán, tampoco el manto de Elías contenía poder alguno. Todos esos objetos y lugares no eran más que símbolos del poder de Dios. Es de Él que viene la verdadera unción: *Viene envuelto en brillante resplandor, y de sus manos brotan rayos de luz que muestran el poder que en él se esconde.* **Habacuc 3:4. DHH.**

Si el micrófono de iglesia pentecostal pudiera hablar, eso sería justamente lo que testificaría: que no hay ningún poder en él, que el poder viene de lo Alto, que sin él los milagros ocurren". Si el micrófono de iglesia pentecostal pudiera hablar ¿Qué diría? O más bien ¿Qué no diría?

197. Dietrich Bonhoeffer, aquel que escribió en contra de "La gracia barata", fue pastor protestante y gran teólogo (entre muchas otras cosas). En esta ocasión, quisiera destacar de él su anti-nacional socialismo. Este cristiano, fue uno de los tantos alemanes que quedó atrapado entre su fe y el nazismo. Sin embargo, nunca tuvo dudas de cuál lado iba a tomar. El 4 de septiembre del 1939, se niega a dar reportes a la Gestapo y comienza su vida a correr riesgo. Tristemente, en un intento fallido para asesinar a Adolf Hitler, fue finalmente ahorcado el 9 de abril de 1945.

Para este gran pensador, el nacionalismo representaba el fin de la iglesia en aquel país, por esa razón tenía que ser resistido. Aquí sus propias palabras: "Lo que ocurre con la Iglesia en Alemania usted lo sabe tan bien como yo. El nacionalsocialismo ha logrado imponer consecuentemente el fin de la iglesia en Alemania. [...] Y aunque trabajo con todas mis fuerzas en la oposición eclesiástica, tengo totalmente claro que dicha oposición sólo es algo pasajero... Y creo que toda la Cristiandad debería estar orando... [para] que se encuentre para ello los hombres necesarios..." Dios bendiga a aquellos, que al igual que Dietrich Bonhoeffer, reconocen en el nacionalismo, una expresión anticristiana.

¡Basta ya de tantas excusas!

198. Unas palabras inspiradas en el escritor Salvador Dellutri: "La etimología de la palabra «excusa» es «causa afuera»." Los griegos, quienes en gran medida son los padres de nuestra cultura, siempre tenían una causa mística para cualquier suceso. Por supuesto, esta causa generalmente estaba fuera del sujeto. Si alguien se llenaba de ira y ejecutaba males, resulta que fueron los dioses que lo llenaron de esa rabia y lo llevaron a cometer dichos actos. Si alguien se acobardaba en una batalla, podía reclamar que Zeus lo llenó de tal miedo. En pocas palabras, era una cultura que a través de sus "causas fuera (excusas)", podían eludir sus responsabilidades. Creo que es tiempo, de que nosotros nos quitemos esa herencia griega, y comencemos a dejar de usar las excusas, tomando responsabilidad por nuestros actos.

Por ejemplo, si va a dejar su iglesia, no diga que la causa viene de afuera: que este o aquel hermano me hizo esto o aquello. No, seamos responsables y digamos la verdad, ¿Cuál? Que dejamos de orar, de leer la Palabra, de ayunar, y entonces nos debilitamos y comenzamos a fijarnos hasta en lo más sencillo. Excusas fue lo que dieron Adán y Eva cuando pecaron, y no quedaron sin castigo **(Génesis 3).** Excusas fue lo que quiso dar Moisés en **Éxodo 3**, para no hacer aquello a lo que Dios lo llamaba, y como quiera tuvo que ir. ¿Te das cuenta? Las excusas no funcionan más que en la mente del que las produce.

199. El gran teólogo John Stott, en su conferencia titulada: "La autoridad de la Biblia", presenta lo siguiente: Si Cristo entrara donde nosotros estamos, de tal manera que todos supiéramos que es Cristo, inmediatamente nos someteríamos a Su autoridad. Pero como Cristo no está en persona, dicha autoridad recae sobre Sus apóstoles. A su vez, y es aquí donde comienza lo interesante, cuando sus apóstoles fallecen ¿Quién entonces posee la autoridad? Cualquiera pudiera decir, pues lógico, una segunda generación de discípulos.

Lo que sucede es, que la historia del cristianismo no avala esa lógica. Un ejemplo de esto, lo enseña un escrito de Ignacio de Antioquía, el cual fue parte de una segunda generación de discípulos (muchos lo consideran discípulo directo del apóstol Juan). Este hombre, aun habiendo fundado iglesias, formado pastores, líder inconfundible de la segunda capital del cristianismo (Antioquía), y camino al martirio, dijo: "…No os lo ordeno, como Pedro y Pablo, porque yo no soy un apóstol…"

Es increíble que alguien como el obispo Ignacio, reconociera que existieron hombres llamados apóstoles, que tuvieron la autoridad de dar órdenes a los cristianos. En otras palabras, ellos tenían esa autoridad por ser apóstoles, yo no. Entonces, ¿Quién tenía la autoridad más allá de los doce y del apóstol Pablo? La respuesta es, la Biblia. Este es el gran postulado de John Stott en esta conferencia: al abrir la Biblia, estamos ante la autoridad máxima en el cristianismo.

200. Unas palabras en base al escritor Etienne Balibar. Este tema, el del racismo, está muy de moda por causa de la inmigración. Estamos hablando de la relación entre el uno mismo (self) y el "Otro", como dice Stuart Hall. El blanco sabe que es blanco, solo porque existe el negro. Los ingleses que se entienden raza superior saben que son ingleses, porque saben lo que no son; no son negros, no son asiáticos, ni son indios.

Inmediatamente aquellos se crean superiores a estos, ya surgió el racismo, aunque lo disfracen de nacionalismo. En contraste a todo esto, **Apocalipsis 7:9** nos presenta a todos los redimidos de pie, con las mismas vestiduras y las mismas posesiones en las manos (señal de igualdad), sin importar la raza: *"Después de esto miré, y vi una gran multitud, que nadie podía contar, de todas las naciones, tribus, pueblos y lenguas, de pie delante del trono y delante del Cordero, vestidos con vestiduras blancas y con palmas en las manos."*

CAPÍTULO 6
Sexta Semana

¿Entiendes lo que lees?

En esta semana de lectura entramos en un nuevo desafío, creo que ya al nivel que vamos tu pasión por la lectura debe haberse encendido, y que bueno si así lo

es, como venimos reflexionando, esa es la intención, ya que leer ilumina el intelecto, hace que la tosquedad desaparezca de inmediato. No obstante, lo bueno es saber si has venido entendiendo lo que lees, es la temática en cada explicación impartida, cada extracto de la Palabra aquí plasmada ha sido minuciosamente debatida y examinada, para darle a usted mi querido lector (a) la mejor de las interpretaciones de ésta, que sea la más acertada posible, pues como bien sabemos que la biblia es su propia interprete, es por ello el motivo de sus tantas referencias.

Una interpretación eficaz

201. Por lo que vemos acontecer en la actualidad, podemos decir que la interpretación bíblica está en crisis,

¿entiendes lo que lees? es lo que le pregunta Felipe al eunuco etíope de la Reina Candaces, en el conocido episodio del libro de los Hechos de los Apóstoles: Y el Espíritu dijo a Felipe: Acércate y júntate a ese carro. Acudiendo Felipe, le oyó que leía al profeta

Isaías, y dijo: Pero ¿entiendes lo que lees? *Él dijo: ¿Y cómo podré, si alguno no me enseñare? Y rogó a Felipe que subiese y se sentara con él.* **Hechos 8:29- 31.**

Me he apropiado de la pregunta de Felipe, específicamente para dirigirla a los predicadores y líderes que tergiversan el sentido de las Sagradas Escrituras pasándolas por el filtro de "lo aceptable para el hombre de hoy." Es lo que quisiéramos, que cada lector pueda entender lo que lee, que pueda interpretarlo de manera acertada, de la manera correcta, de la forma apropiada ya que: *Toda la Escritura es inspirada por Dios, y útil para enseñar, para redargüir, para corregir, para instruir en justicia, a fin de que el hombre de Dios sea perfecto, enteramente preparado para toda buena obra.* **2 Timoteo 3:16-17.** Así que sigamos reflexionado en esto.

202. Una barrera que la mayoría de las organizaciones eclesiásticas necesitan saltar, es la de releer la Biblia a la luz de una hermenéutica adecuada. Esto así, porque al ser hijos de la reforma, somos herederos de conceptos que les han sido impuestos al libro sagrado. Este es un punto neurálgico, porque como interpretamos, así actuamos. Gracias a escritores como Elsa Tamez sabemos que hombres, posiblemente bien intencionados, como Fray Toribio de Benavente, interpretaron que las diez plagas de Egipto eran el antecedente bíblico, de todo lo que les pasaba a los indígenas.

Así mismo, otros pensadores como John H. Yoder arrojan luz sobre *Romanos 13*, expresando que esta Escritura no es una licencia para que cualquier gobierno ordene lo que desee de forma arbitraria. O que tengamos que someternos ante tales clases de gobiernos.

Y es que, tal como se desprende de los escritos de Tamez, el machismo y las ansias de poder, han dominado la lectura e interpretación de la Biblia. Todo esto me lleva a decir que, hay que releer la Palabra, para tener una correcta y pertinente teología. En estos momentos, elevo al Señor una oración, para que nos liberemos de lecturas incorrectas de Su Palabra.

203. Karl Barth no está de acuerdo en que la ética cristiana empieza en un monologo reflexivo por parte del hombre. Barth entiende que esta empieza en el prestar atención a lo que Dios ha hablado. El momento de reflexionar y hasta opinar, será hasta después de haber escuchado atentamente lo que Dios tiene que decir. Lo que Dios ha dicho y hecho, ha sido en Cristo, sacrificándose humildemente en la cruz; esa acción de Él requiere una respuesta por parte del hombre y esta respuesta debe ser en acción también.

Este accionar del hombre, debe ser imitando la conducta de Cristo, el cual se convierte en el hombre modelo a seguir. Esta es la única manera de actuar bien frente a Dios. Y

¿Por qué encerrar todo lo bueno del hombre, en esta sola acción? Porque justamente, esta respuesta positiva hacia la gracia de Dios contiene todas las virtudes y deberes que el ser humano debe exhibir delante de Él. Es menester que el hombre entienda que Jesús es ese verbo hecho carne, que en él está activa la voz de Dios: *En el principio era el Verbo, y el Verbo era con Dios, y el Verbo era Dios. Este era en el principio con Dios.*

Todas las cosas por él fueron hechas, y sin él nada de lo que ha sido hecho, fue hecho. En él estaba la vida, y la vida era la luz de los hombres...Y aquel Verbo fue hecho carne, y habitó entre nosotros (y vimos su gloria, gloria como del unigénito del Padre), lleno de gracia y de verdad. **(Juan 1:1-4 y v.14).**

Así mismo, del otro lado, todo el accionar malo del hombre, proviene de una respuesta negativa a la gracia de Dios. Desde las atrocidades más grandes, hasta las pequeñas mentiras, provienen del hecho de darle la espalda al Señor y a su Palabra. La ética cristiana está basada en reconciliarse con Dios y hacer, por medio de un buen accionar, que otros hagan lo propio también; esto nos convierte en embajadores de Cristo.

Solidaridad… Un acto de compasividad

204. Solidaridad: Adhesión o apoyo incondicional a causas o intereses ajenos, especialmente en situaciones comprometidas o difíciles. Estoy de acuerdo con Leonardo Boff, de que esta es una cualidad muy escasa hoy en día. Y mientras esto es así, millones de personas sufren el abandono y la soledad. Como cristiano creo que la solidaridad puede darse en cualquier condición. Es decir, a veces pensamos que debemos ser ricos y poderosos para poder traer alivio a un desposeído, pero esto no es cierto.

Lo que se necesita para ser solidario, es un corazón dispuesto y una voluntad dispuesta para cuando se presente la ocasión. Con esto no quiero negar la realidad de lo que presenta Boff, cuando dice, que las naciones poderosas solo "destinan el 1% de su riqueza" para luchar en contra de la pobreza en los países más necesitados. Es una verdad que los que más tienen están en mejor posición de ser solidarios con los desposeídos; sin embargo, sus corazones están endurecidos.

Es Dios mismo quien nos manda a ser solidarios, cuando nos dice: *Sean compasivos, así como su Padre es compasivo.* **Lucas 6:36 NVI.**

205. La teología de San Agustín expresa que no importa de dónde venga la motivación, sino hacia dónde es llevada la voluntad del hombre. Cuando el ser humano se aleja del bien, este debe ser ayudado a regresar a Dios. Esto puede sonar coercitivo, pero precisamente ese es el punto del apologista: no es libertad aquello que nos hace tomar la decisión de alejarnos de Dios, sino todo lo contrario. Es decir, es "la tiranía del deseo" que nos lleva a tal acción. En esa condición, el hombre necesita ser ayudado por fuerzas externas a él, en virtud de que por sí solo no podrá lograrlo. En tal sentido, la verdadera libertad no es libertad "de", sino libertad "para". El hombre que elije pecar, no lo hace en libertad, sino en esclavitud.

206. Hay que evitar la departamentalización del ser humano. Conocemos acerca de los gnósticos, quienes llegaron a argumentar que se podía pecar con el cuerpo, dejando el espíritu intacto. Esto, es uno de los peligros de particionar al hombre. Ciertas creencias como estas, llegaron hasta nosotros, cuando, por ejemplo, se predica que el cuerpo no es de tanto valor, sino que el alma es lo realmente importante. Una teología antropológica cristiana, que conciba al hombre como dicótomo o tricótomo, tiene sus raíces en el mundo de la filosófica clásica griega; no es bíblica.

Las Escrituras enseñan que el hombre es un ser indivisible: él "es a la vez cuerpo y alma". Al no interpretar esto de manera correcta, el hombre ha jerarquizado todo, incluyendo su propio ser. El evangelio en Estados Unidos ha estado corrigiendo esto, pero en varios de nuestros países todavía se predica en contra de adornar y/o preocuparse por el cuerpo. A esas personas le preguntamos ¿El que hizo el alma, no es el mismo que hizo el cuerpo?

207. Satanás no cuestionó la fidelidad de Job, él atacó las motivaciones de esa fidelidad. ¿Qué sucedería si tus motivaciones de servir a Dios fueran cuestionadas? Muchos se acercaron a Jesús con diferentes motivaciones, en una ocasión el Maestro tuvo que decirle lo siguiente a un grupo de "seguidores" *"... En verdad, en verdad os digo: me buscáis, no porque hayáis visto señales, sino porque habéis comido de los panes y os habéis saciado."* **(San Juan 6:26).** En el caso de Job, todo fue una calumnia del enemigo, ya que éste era un hombre que buscaba sinceramente al Señor. El caso de la multitud era otro, ellos estaban detrás de beneficios personales. ¿Y nosotros? ¿Qué nos motiva a buscar a Dios?

Hay muchos comerciantes de la fe

208. Los tiempos de Amós fueron de prosperidad económica para Israel, como dice el Comentario Bíblico Siglo XXI, "Asiria misma entró en un período de declinación y así se abrió el camino para que Jeroboam restaurara su reino a los límites que había disfrutado bajo Salomón." Así que la nación cae en una serie de excesos, tales como el de la explotación del pobre, en busca de más y más dinero.

"La sociedad israelita en tiempos de Amós…Era una sociedad exteriormente prospera y devota, pero marcada por profundas diferencias económicas y sociales, corroída por la corrupción de los jueces, corrompida por la explotación del pobre, indiferente a la suerte de   los desvalidos e inconsciente de la relación de todo esto, con el Dios del pacto, que había llamado a Israel para que fuera un pueblo diferente…" El profeta Amós, se levanta contra este tipo de conducta, con palabras tan fuertes, que lo llevan a ser despreciado por las autoridades. ¿Ven cuál era el trabajo de los profetas? ¿Es el mismo que hacen los "seudo-profetas" actuales?

209. A propósito de la reflexión anterior: Es importante cuando los ministros conocen cuál es su lugar en la obra de Dios. Los profetas eran personas especiales, y muy conscientes de la posición que ocupaban en la sociedad hebrea. Posición que implicaba pocos honores, pero muchos peligros. Pienso que muchos ministros hoy en día están confundidos, no saben si son artistas o son profetas; si son personas llamadas a denunciar el mal, o a aliarse con él. Ellos no quieren soportar el sufrimiento que conlleva el denunciar el mal proceder de los que están en el poder.

A Samuel, en momentos determinados, le tocó reprender al sumo sacerdote de turno, así como al primer monarca. Esa capacidad de estar del lado de la verdad y no del lado de los poderosos, es una cualidad que pocos hombres de Dios poseen hoy en día. Todo el que ama el dinero y las buenas posiciones, adulará a los gobernantes; o por lo menos, se quedará callado ante sus males. Me pregunto si no tenemos hoy en día, una especie de epidemia, con hombres que son profesionales del púlpito; es decir, que comercian con la predicación del evangelio. Siempre ha existido y existirá dos tipos de ministros: los que se comprometen con Dios y los que se venden al poder.

210. Las acciones mostradas por los cristianos que llegaron al Nuevo Mundo dejan mucho que desear. En nombre del cristianismo se cometieron atropellos atroces en contra de los indígenas. Para esas acciones, se produjeron teologías que pudieran sustentarlas, como predicara Viera en un "sermón, dirigido a los negros esclavizados…En 1663… [Donde justifica] los sufrimientos de [ellos], como la única forma para que éstos conocieran la religión cristiana". Los indios y los negros fueron tratados como si no hubieran sido seres humanos.

Varios levantaron sus voces en defensa de estos sufrientes seres humanos, entre los cuales se cuenta a Francisco de Vitoria. "Francisco de Vitoria (1492-1546)", es denominado como "el fundador del derecho internacional." En 1526 obtiene la Cátedra de Prima de Teología en la Universidad de Salamanca. El primero de enero del 1539, escribe "Reelección sobre los Indios Recientemente Hallados". Igual que ayer, hoy tenemos ministros haciendo teología a favor de los poderosos. A la vez, gracias a Dios, todavía tenemos hombres cual Francisco de Vitoria, levantado su voz a favor de los más necesitados. ¿De cuál lado estás tú?

211. Jacobo Boehme (1575-1624), es un buen representante del cristianismo místico. Una de sus creencias fue: "puesto que la "letra mata", la guía del creyente no ha de ser la Biblia, sino el Espíritu Santo, que inspiró a los escritores bíblicos y aún sigue inspirando a los creyentes". Algo característico en los cristianos místicos, es que la mayoría de ellos reclaman una conexión directa con Dios, aun por encima de la Palabra Escrita. Al mismo tiempo, tienden a desechar toda autoridad eclesiástica. Sin embargo, cuando estudiamos a un Apóstol Pablo, vemos que, a pesar de su experiencia sobrenatural, aun así, se sometió a los líderes de la iglesia, al subir a Jerusalén y ponerse de acuerdo con ellos.

Cualquier experiencia mística, o cualquier espíritu que hable a tu vida, llevándote lejos de la Palabra y de tus pastores, no viene de Dios. El verdadero Espíritu de Dios, lleva al creyente hacia las palabras salidas de los labios del Maestro. **San Juan 16:14** dice: *"El me glorificará; porque tomará de lo mío, y os lo hará saber."*

212. Una de las maneras de conocer a Dios, es a través de sus atributos Divinos. Anselmo habla acerca de la omnipotencia de Dios, poder ilimitado que se deja ver en la creación ex – nihilo (Dios hizo todo de la nada). ¿Cómo puede la energía convertirse en materia? Hasta hace algunos años esto era impensable, la ciencia decía que la materia podía convertirse en energía, pero no viceversa. Sin embargo, hoy en día, por lo menos en teoría esto ya es posible. Fue Albert Einstein, con su famosa formula: $E = m \cdot c^2$, el que dijo que la energía no es más que una forma de materia. Pero antes que el primer ancestro de este científico naciera, ya Dios había convertido energía en materia.

213. "Porque es el Espíritu de la gracia quien obra […] para restaurar en nosotros la imagen de Dios conforme a la cual fue creada nuestra naturaleza." ¿Qué es la imagen de Dios? Pienso que es difícil contestar esta pregunta, ya que hay muchos conceptos envueltos alrededor de esa sola expresión, como aquel que dice: "imago no es decir igualdad, sino expresión que dice y no dice a su modelo." Así que, aunque hay muchas teorías acerca de este tema, para Tomas de Aquino el Imago Dei, es esa capacidad dada por Dios, para que el hombre pueda usar su intelecto, de una manera tal que este pueda estar en autoridad sobre la creación.

Si esto es así, entonces el hombre al ser afectado por el pecado perdió dicha autoridad frente a sí mismo y frente a toda la creación. Qué emocionante es pensar en un ser humano que tenga control absoluto sobre la creación, aquella autoridad que fue dada por Dios en el principio.

¿Cómo pudo haber sido vivir en una dimensión tal? Pienso que no hay palabras para describir lo que perdimos como consecuencia del pecado.

Somos más que vencedores

214. Una de las imágenes más escalofriantes y únicas de León Tolstoi, en su novela "Guerra y paz", es seguramente cuando el protagonista, Andrei Bolkonski, se encuentra tumbado en el campo de batalla. Mientras está en esa condición, ve como Napoleón se le va acercando a lo lejos, es ahí cuando clava su mirada en el cielo e intenta comprender qué hay detrás de su dolor, cuál es el verdadero misterio de la existencia.

Dice que Bonaparte, ese hombre al que muchos le temen, le pareció un ser diminuto comparado con lo alto del cielo, donde se deslizan las nubes y se esgrime tanta vida. Creo que, encerrado en estos versos, tenemos la intención exacta de lo que pretende el Apóstol en el **capítulo 6 de los Efesios** (la armadura de Dios). Esto es, demostrarnos que el cristiano está en medio de una batalla, y si este se concentra en el Altísimo y la ayuda que dé El procede, verá que el enemigo no es más que un ser diminuto ante tanto poder, ya sabemos porque Josué y Caleb dijeron "los comeremos como pan": *Y Josué hijo de Nun y Caleb hijo de Jefone, que eran de los que* *habían reconocido la tierra, rompieron sus vestidos, y hablaron a toda la congregación de los hijos de Israel, diciendo: La tierra por donde pasamos para reconocerla, es tierra en gran manera buena. Si Jehová se agradare de nosotros, él nos llevará a esta tierra, y nos la entregará; tierra que fluye leche y miel.*

Por tanto, no seáis rebeldes contra Jehová, ni temáis al pueblo de esta tierra; porque nosotros los comeremos como pan; su amparo se ha apartado de ellos, y con nosotros está Jehová; no los temáis. **Números 14:6-9.**

215. Siendo que la hospitalidad es una virtud, es algo que se puede aprender, por tanto, la iglesia debe sentarse y crear un plan de acogida del invitado. Ese plan conlleva escuchar, con un contacto cara a cara que dignifique a la persona. Esto lleva a la persona a que abra su corazón, dejando ver sus necesidades. Las cuales implican normalmente aspectos físicos, emocionales y espirituales. Aunque la iglesia no pueda satisfacer todas esas necesidades, con solo crear un espacio de expresión libre, ya es de gran ayuda para esta persona.

Para lograr esto las comunidades cristianas, deben deshacerse de todo problema de racismo, etnocentrismo y clasismo. Una buena manera de empezar es escribir en mutuo acuerdo, los valores de la iglesia, los cuales deben contraponerse a los pecados antes mencionados. Por lo tanto, la hospitalidad no es solo darle la bienvenida públicamente a los visitantes, sino que es brindarle una acogida, como invitados de Dios que son.

Tratas a los demás como tú quieres ser tratado

216. Un antecedente muy triste de lo que no se debe hacer con "el otro", es lo que los españoles hicieron con los nativos del Nuevo Mundo. Simplemente llegaron, sin valorar la vida y la cultura de estos indios, y los colonizaron, imponiendo sus propios valores con violencia y hostilidad. "La hospitalidad nos fuerza a no intentar "colonizar" al otro de sus "errores" religiosos.

No hay nada más hermanable que ver al otro en la cara, y aprender a apreciarlo desde su humanidad; humanidad que Dios creó". En la extrañeza hay hostilidad, la cual tiene que ser cambiada por hospitalidad. Y la única manera de hacer esto, es a través del dialogo y el conocimiento mutuo. Tenemos que abandonar esa práctica de "Primero, comparar el otro (visitante) con un prototipo ideal en [nuestra] comunidad. Es decir, si el otro no se compara con la persona ideal, no [lo aceptamos]." Hay que abrirse, sin miedo, al extraño.

217. Al leer los **capítulos 7 al 9 de Lucas**, he decidido comentar un grave rechazo que veo en los **versos 51 al 53** del **capítulo 9**. Jesús está realizando uno de sus últimos recorridos evangelísticos, para luego, como vemos en el **capítulo 19**, hacer su entrada triunfal a Jerusalén. En este recorrido misionero, escoge una aldea de samaritanos para ir a predicar, liberar endemoniados y sanar enfermos. Pero cuando sus discípulos van a realizar los preparativos, estos samaritanos rechazan la visita de Jesús; en otras palabras, le cierran las puertas de su ciudad al Maestro.

El acto de inhospitalidad en sí es algo triste e inaceptable, pero hay algo más triste que esto, es la razón por la cual realizaron dicho acto de desprecio. Esta razón la encontramos en el **verso 53**: Pero no le recibieron, porque sabían que había determinado ir a Jerusalén. Según este verso, ellos cierran su aldea a Jesús, no por el mensaje que Jesús traía, sino porque Jesús había decidido ir a una ciudad de personas que ellos aborrecían. Cerrarle las puertas a Cristo, porque se está en enemistad con terceras personas, es un grave error. Cuando Jesús toca las puertas del corazón, nada ni nadie debe impedir abrirle y recibir lo que él tiene para esa persona.

218. Howard Snyder escribió un libro llamado "La Comunidad del Rey". En este material, se nos dice que la iglesia es la comunidad del pueblo de Dios, y este está llamado a servirle y a vivir unido en una verdadera comunidad cristiana, a través de la cual ha de dar testimonio del carácter y los valores del reino celestial. Así que, la iglesia es el agente de la misión de Dios en la tierra. Para realizar un ministerio tal, debe haber un compromiso del pueblo de Dios con la sociedad que lo rodea.

Para esto Howard, dice que se necesitan cinco elementos, entre los cuales están:

1. Conciencia intranquila. Esta tiene que ver con la "aflicción" del hombre, frente a la falta de aplicación efectiva, de las verdades bíblicas, en un mundo moderno.

2. Conciencia Social. Se refiere al hecho de que los cristianos deben prestar más atención a los problemas y cuestiones sociales.
3. Conciencia del Reino. Es el entendimiento de que toda renovación y toda reconciliación genuina con lo Divino, es fruto de la acción de Dios, el cual es el Rey que tiene un plan de redención de magnitud cósmica. Así que, ese Rey tiene un agente para expandir su gobierno, y este agente, es la iglesia. El objetivo o meta principal de este gobierno, es de reunir todas las cosas en Jesucristo, según Efesios 1:10. Es bueno enfatizar que, según este libro, la iglesia es la única agencia redentora de Dios aquí en la tierra.

Mi socorro viene de Jehová

219. Todos deberíamos buscar la verdad "fundamental y extraordinaria" que nos da el libro de Job, que entre muchas otras lecciones tenemos las siguientes: **1ro.** Aunque perdamos todas las cosas materiales, la salud y la familia, debemos sostener nuestra esperanza en Dios. No se debe perder la fe, bajo ninguna circunstancia. **2do.** Como pueblo hispano, estamos siempre bajo muchas carencias, solo sostenidos por la fe en Dios.

Job es un personaje que nos representa. Llegó un momento en que se vio solo y sin nada, como el hispano que emigra a este país, en una determinada etapa de dicha migración, se ve solo y sin nada, también. En medio de una situación así, solo resta tomarse de la mano de Dios y confiar en que su ayuda llegará, en esta vida o en la otra (Job 19:26). **3ro.** Satán es real. "ha-Satán, la RVA traduce [este término] consecuentemente como Satanás". *Él es el acusador, como vemos en la entrevista entre el Señor y él,* Job 1:6-22. **4to.** Dios premia la fidelidad de sus hijos. Job nunca maldijo a Dios, sino que esperó en El, siendo bendecido enormemente. Finalmente, me surge decir: que paz nos da saber que Dios entiende el dolor humano. Por tal razón debemos confiar en su soberanía, no cayendo en depresiones que no conducen más que a destrucción, y confiando en que solo Él tiene el poder de ayudarnos a superar nuestras dificultades y crisis.

220. Hay una palabra clave en el libro de los **Proverbios**, y esa es, la Sabiduría. Ella se presenta como un don de Dios, capaz de dar "vida plena". Para poder disfrutar de esta clase de vida, el hombre tiene que vencer la violencia, "esa red mortífera" que lo lleva a la muerte prematura. Levoratti explica, que el libro de los Proverbios presenta la eficacia de la Sabiduría, para romper con ese "circuito de violencia". (Increíblemente, después de miles de años, se sigue diciendo lo mismo, aunque desde la perspectiva humana. Haciendo una investigación breve, nos damos cuenta que la mayoría de los sociólogos concuerdan en que, "La violencia se combate con educación"). Precisamente, según el libro inspirado, la diferencia entre el impío y el justo es que el primero come de la violencia, **Prov.13:2**; mientras que el segundo, recibe las palabras de la Sabiduría, cuyo fruto es la vida, **Prov.4:20-27.**

221. En mis años de estar enseñando teología, me he sorprendido de la cantidad de personas que desconocen el tema de las cuatro leyes espirituales: el amor de Dios, lo ofensa hacia Dios, la provisión de Dios, y un llamado de parte de Dios.

1ro. Desde el primer libro de la Biblia, el **Génesis**, se ve el gran amor de Dios hacia el ser humano. Dios descendía regularmente a conversar con su criatura, demostrando su deseo de tener comunión con él. Luego, en **San Juan 3:16** se nos dice claramente que *"de tal manera amó Dios al mundo..."* No cabe duda de que Dios siempre ha amado al hombre. Este amor de Dios no es un don más, sino que es el don más excelso de todos.

2do. La ofensa hacia Dios, la caída del hombre separó a la criatura de su creador. Aquella comunión que se veía en el Jardín del Edén se quebró, despojando al hombre de la presencia amistosa de Dios. **Romanos 3:23** lo dice de esta manera*: "por cuanto todos pecaron, y están destituidos de la gloria de Dios".*

3ro. Lo anterior hizo necesario una acción radical de parte del Señor, con el objetivo de reparar la ruptura causada por el pecado.

La manera en que lo hizo fue proveyéndose a sí mismo de un gran sacrificio: la muerte de su hijo Jesucristo. El apóstol Pablo en **Colosenses 1:20** lo resume de esta manera: *"y por medio de El reconciliar todas las cosas consigo, habiendo hecho la paz por medio de la sangre de Su cruz, por medio de Él, repito, ya sean las que están en la tierra o las que están en los cielos."*

4to. La cuarta ley espiritual, es aquella que hace referencia al llamado de Dios a que el hombre se arrepienta de sus pecados. **Hechos 3:19**, nos dice: *"Así que, arrepentíos y convertíos, para que sean borrados vuestros pecados; para que vengan de la presencia del Señor tiempos de refrigerio."* Así debería terminar este ciclo, cada persona tomando responsabilidad por sus propios actos, y tomando el único camino a la salvación, el cual es Jesucristo.

Procura instruir a alguien

222. La película (basada en hechos reales) "El Entrenador Carter", es una historia que se acomoda bastante al tema de la "Mentoría". Esto así, porque este entrenador tomó a una serie de jóvenes, a quienes les enseñó el valor de la humildad, la disciplina, la importancia de estimar el deporte que se practica, lo importante que es vencer el miedo, entre muchas otras cosas. Al final, estos jóvenes, después de pasar por las manos de este mentor, no solo fueron mejores baloncestistas, sino que también fueron mejores seres humanos.

Uno de los momentos más emotivos, es cuando el grupo de jóvenes se une para salvar a un compañero que el coach estaba por expulsar. Esto fue la señal, de que se estaban convirtiendo en un verdadero equipo. Una meta de nosotros los pastores, en nuestros trabajos como mentores, es lograr que la gente abandone el individualismo, y comiencen a verse como un equipo para Dios. Es por eso que Jesús oró de esta manera:

"Para que todos sean uno; como tú, oh Padre, en mí, y yo en ti, que también ellos sean uno en nosotros; para que el mundo crea que tú me enviaste. La gloria que me diste, yo les he dado, para que sean uno, así como nosotros somos uno. Yo en ellos, y tú en mí, para que sean perfectos en unidad, para que el mundo conozca que tú me enviaste, y que los has amado a ellos como también a mí me has amado." **San Juan 17: 21-23.**

La señal por excelencia, de que una comunidad eclesiástica está creciendo espiritualmente, es cuando se comienza a generalizar la comunión entre ellos.

223. ¿Quién era Pablo? Albert Schweitzer cree que "Pablo no era ni pagano, ni helenista, sino un judío de cabo a rabo". Sin embargo, Rudolf Bultman piensa que "Pablo pertenecía al contexto helenístico". Por otro lado, a W.D. Davis, "argumentó… que Pablo era un rabí judío que creía que Jesús de Nazaret era el Mesías judío". También, Ernst Kasemann argumentó que, "aunque Pablo era judío, criticó al judaísmo…Arguyó que Pablo estaba sobre todo interesado en la victoria del Dios verdadero sobre los poderes del mal y del mundo rebelde".

La verdad es que Pablo era un hombre multicultural. Con esta capacidad del Apóstol, de saber más de un idioma, conocer más de una religión, tener más de una nacionalidad, haber vivido en más de una nación, etc. Es difícil pensar que el Apóstol no hubiera sido influenciado por alguna otra cultura diferente de la judía. Pablo no tuvo miedo de romper con tradiciones de hombres y de resistirlos cara a cara de ser necesario, por lo que su compromiso no fue hacia una cultura, sino hacia Dios que lo había llamado a ser lo que fue: El Apóstol de los gentiles, con un mensaje para todos.

224. Unas palabras en base al libro "El Mundo del Nuevo Testamento", de Bruce J. Malina. Una persona que nace y se desarrolla en una sociedad, donde el honor y la vergüenza son la norma, será una persona que siempre se verá a sí misma desde el punto de vista de los demás. De hecho, la palabra conciencia hace referencia a esta forma comunitaria de auto juzgarse. En el Nuevo Testamento, parece que hay una mezcla entre una conciencia grupal, característica del mundo del Mediterráneo del Siglo I, y una conciencia individual, característica de la subcultura semita.

Hablando de la individualidad, hay que notar que hoy en día, cada persona es como un universo aislado y distinto de los demás. Así, es como si cada persona poseyera su propio código de accionar, único y distinto. Esto, no se encuentra en la sociedad del Siglo I del mundo del Mediterráneo. Ya que el estilo de vida de ellos era de mentalidad grupal. Esto es lo que se llama, personalidad diádica. Este espíritu comunitario, es lo que se perdió con la llegada la modernidad.

Desde entonces, como lo expresó René Descartes, las sociedades se han caracterizado por una desvinculación. "Cuando articuló su cogito (Cogito ergo sum, "Pienso, luego existo), estaba expresando conscientemente lo que probablemente es la más fundamental de las desvinculaciones, la mente del cuerpo. Pero no fue la única desvinculación. Le acompañaban otras: el tiempo del espacio, el individuo de la sociedad, lo espiritual de lo material, lo personal de cósmico." Esta desconexión entre individuo y su sociedad, ha estado cosechando muerte y destrucción.

Hoy más que nunca se hace necesario escuchar el llamado bíblico de **1 Pedro 3: 8**: *"En fin, vivan en armonía los unos con los otros; compartan penas y alegrías, practiquen el amor fraternal, sean compasivos y humildes."*

225. Qué triste es el sistema de castas "hindú". "La discriminación por casta la sufre especialmente el grupo de los intocables. El contacto o trato con un intocable se considera un hecho impuro, de riesgo de contaminación y motivo para ir acumulando actos negativos que repercutirán en la reencarnación. Desde hace muchos años los intocables sufren esta marginación, incluso tienen problemas para vender la leche de sus búfalas si alguien de casta superior sabe que la leche procede del trabajo de las manos de un intocable."

El cristianismo predica todo lo contrario, en base a **Génesis 1:26**, vemos que todos los hombres fuimos creados a imagen y semejanza de Dios. Esto debería ser suficiente para no hacer esas diferencias racistas, como el mencionado sistema de castas hindú. Una "casta es un grupo social cerrado basado en la herencia", lo cual coloca a unos seres humanos como más dignos que otros. Esto, evidentemente va en contra de lo que leemos en **Génesis 1**, de que todos compartimos una misma herencia. El Nuevo Testamento confirma esta enseñanza: *"Y de uno hizo todas las naciones del mundo para que habitaran sobre toda la faz de la tierra…"* **(Hechos 17: 26a).**

226. La doctrina del pecado original es una doctrina verdadera, y, además, no es una doctrina de condenación, sino de salvación. Mucho de ella, está basado en cuál es la procedencia del mal: este, no es parte de la naturaleza, ni del hombre, es decir no es ontológico. Por consiguiente, el hombre debe evitar el "culpabilismo" y combatir el mal, el cual puede ser vencido.

El ser humano debe entender que posee cierta responsabilidad, pero no una tal, que lo lleve a una auto- condenación constante. Dios no creó el mal, ni el hombre tampoco, por lo que este es un elemento que simplemente está ahí, envenenando cual serpiente a toda la creación, la cual es buena. Esta teología es liberadora, ya que reescribe la forma clásica en la que se ha interpretado el pecado original, liberándonos del principio agustiniano de "responsabilidad y culpabilidad".

227. Al analizar el Sermón de Montesinos, vemos algunos principios que deben ser imitados por la iglesia de hoy: **1.** El "estudio de la Palabra de Dios" debe llevarnos a actualizarla y contextualizarla: "¿qué nos dice hoy, aquí y ahora?" **2.** La iglesia debe incorporar en sus predicaciones, y en su accionar, los temas sociales de "justicia, paz y derechos humanos", defendiéndolos en cualquier terreno. Esto no implica el involucramiento en la vida política, sino que es pasar del dicho al hecho.

Lamentablemente, la predicación cristiana de hoy está desacreditada porque no está respaldada por una comunidad comprometida. En la comunidad de Pedro de Córdoba, encontramos a un grupo de creyentes, que predicaron en contra de acciones antievangélicas. Esta comunidad analizó su realidad, observó "los signos de los tiempos", y levantaron una voz profética a favor de los indios. Esto no fue una predicación sin compromiso, sino una que estuvo defendida, en cualquier terreno que sus detractores eligieron. A esta comunidad de frailes, se les vio una preocupación, no solo por el alma de los indios, sino también por la salvación de los esclavizadores españoles. (Unas palabras en base al autor Felicísimo Martínez).

228. La característica principal de la modernidad es "la desvinculación". Esto ha hecho que los hombres se conviertan en ajenos los unos a los otros. Como resultado, el hombre ha perdido aquello que lo orientaba, siendo necesario reformular cuál es su lugar "en el mundo". Para tratar este tema, hay que hablar acerca del debate filosófico sobre la unidad y la pluralidad. Esta última, se ha basado en la desvinculación. En cuanto al debate, se toma como base el desacuerdo entre Heráclito y Parménides. El primero señala que hay diversas y distintas fuerzas en el universo, luchando entre sí, causando todas las cosas, lo cual es un pluralismo; en cambio, el segundo entiende que lo real es lo totalmente inmutable, siendo así el representante ideal de la unidad.

Al final de todo este análisis, se ve que el pathos de la modernidad es hacia la desvinculación y la pluralidad. Y gracias a un mal concepto, sobre quién es Dios, la modernidad ha decidido desplazarlo, poniendo en su lugar a dioses falsos, tales como el Estado. Esto da como resultado, un fracaso de los hombres modernos para poder relacionarse con Dios. Este desplazar a Dios, tiene que ver con las deficiencias del cristianismo. Es decir, la presentación de un Dios impasible y controlador no es del agrado de los hombres modernos. La solución aquí es presentar de manera adecuada, al Dios trinitario.

La perijóresis enseña un Dios plural, el cual respeta la particularidad en El y en Su creación. Es lo que enseña perijóresis, esa circularidad eterna de amor y respeto entre las diferentes personas de la Trinidad, reflejada en los creyentes de hoy, lo que puede revertir la desconexión humana en la sociedad actual.

229. "La historia de Jesús de Nazaret, es la historia de Jesús y el Espíritu". Vemos que, en el evangelio de Juan, Jesús es tanto el receptor, como el emisor del Espíritu Santo; y en los sinópticos, se ve una "cristología nehumatológica, la cual se relaciona con la neumatología cristológica de Pablo". Este poder derramado en Jesús era demasiado peligroso para que todos pudieran tenerlo. Por lo que, el imperio cristiano, relegó este poder a la persona de Cristo, así como a "las majestades ungidas y apostólicas del sacro imperio". Sin embargo, lo que realmente tenemos entre Cristo y el Espíritu, es una perijóresis en donde se habitan mutuamente. Esta relación, es la base para la teología del cristianismo. Ese Espíritu, que fue la fuerza vital en Cristo, es el mismo Espíritu que perfecciona la salvación y recrea todas las cosas, en todos y en todo.

La explotación inhumana

230. Pienso que una palabra clave para describir el sistema de cosas actual es: inhumano. Las grandes corporaciones no están interesadas en el bienestar social, a ellos solo les interesa sus ganancias aquí y ahora. Si tienen que ir a Bangladesh, un país muy pobre, y pagarles centavos a niños para que estén cociendo pelotas todo el día y luego venderlas en las grandes tiendas de USA, lo van a hacer. De hecho, ese es el sistema operativo de ellos, producir a costa de la vida de los más necesitados. Es así que, en el país antes señalado, se derrumbó un edificio donde murieron 610 personas. Esto, mientras trabajaban para ganar menos de dos dólares por día. ¿Quiénes estaban explotando a estos pobres? Compañías textiles occidentales. Así que, el sistema económico y tecnológico que dirige este mundo está secuestrado por la avaricia.

Es frente a un mundo tan injusto como este, que se escribió lo siguiente: ¡Vamos ahora, ricos! Llorad y aullad por las miserias que os vendrán. Vuestras riquezas están podridas, y vuestras ropas están comidas de polilla. Vuestro oro y plata están enmohecidos; y su moho testificará contra vosotros, y devorará del todo vuestras carnes como fuego. Habéis acumulado tesoros para los días postreros. He aquí, clama el jornal de los obreros que han cosechado vuestras tierras, el cual por engaño no les ha sido pagado por vosotros; y los clamores de los que habían segado han entrado en los oídos del Señor de los ejércitos. Habéis vivido en deleites sobre la tierra, y sido disolutos; habéis engordado vuestros corazones como en día de matanza. Habéis condenado y dado muerte al justo, y él no os hace resistencia." **Santiago 5:1-6.**

231. Desde Clarence Thomas hasta Brett Cavanaugh. Con el primero, en el año del 1991, se comenzó a hacer público un tema que hasta ese momento era privado, y mayormente tratado en lo más íntimo de la vida social: "el acoso sexual". Este término, había surgido en los años 70's dentro del círculo del movimiento de liberación femenina. "En el libro In Our Time: Memoir of a Revolution (1999) la periodista Susan Brownmiller en el marco del trabajo de concienciación de los grupos feministas radicales de Nueva York cita a unas activistas de Cornell que en 1975 pensaron que habían acuñado el término acoso sexual: "Ocho de nosotras estábamos sentadas en una oficina ... haciendo una lluvia de ideas sobre lo que íbamos a escribir en los posters de nuestras intervenciones, que se referían a ella como "intimidación sexual", "coerción sexual", "explotación sexual en el trabajo". Ninguno de esos nombres parecía correcto, queríamos algo que abarcara toda una serie de comportamientos persistentes, sutiles y poco sutiles, y alguien llegó con "acoso". '¡Acoso sexual!' Al instante estuvimos de acuerdo, eso es lo que era."

Como estos eventos se dan en la intimidad de una oficina, o en el interior de una casa o edificio, es difícil para la mujer demostrarlo. Por otro lado, se puede usar como un arma de destrucción. De hecho, la auto-defensa que hizo Thomas fue decir que estaban haciendo un tipo de "linchamiento" con su persona. Al ser alguien de color, esa palabra impactó, y lo ayudó bastante para que las acusaciones sean desestimadas y ser confirmado como juez de la Suprema Corte de Justicia de Estados Unidos. Igualmente, Casi treinta años después, Brett Cavanaugh fue acusado de acoso sexual, negó dichas acusaciones, y fue confirmado como juez de la Suprema Corte.

Evita caer en esta trampa de inmoralidad

232. Entre estas dos historias de lo antes mencionado, han existido muchas otras acusaciones sobre artistas (Bill Cosby no tuvo la misma suerte que aquellos), políticos, religiosos y toda clase de personas en torno al mismo tema. Definitivamente, esto obliga a que en los ambientes en donde se llevan a cabo roces continuos entre personas, existan ciertos códigos éticos que los dirijan. El blog de "mujeres sin violencia" de México, presenta los siguientes puntos, con el fin de evitar el acoso sexual:

1. No hagas comentarios sobre el cuerpo de una persona si ella no te lo pide.

2. Si al menos una vez te han dicho que no quieren salir contigo, no insistas.

3. No envíes fotos íntimas de ti…

4. No toques a nadie sin su consentimiento.

5. No pongas excusas ni justifiques el comportamiento obsceno de tu amigo.

6. Deja de usar tu posición de poder para que alguien salga o tenga intimidad contigo.

7. Si has enviado varios mensajes de texto, cartas o mails a una persona que te gusta y no has recibido respuesta, o en su defecto te han dicho que te detengas, no necesitas ninguna explicación, solo deja de enviarle mensajes.

8. No hagas bromas sexistas.

9. No digas o uses piropos para socializar. Esta es una forma de violencia y sin darte cuenta puedes incomodar a las personas.

10. Si la persona que te gusta se toma unos tragos o está bajo la influencia del alcohol, no asumas que (esa situación de vulnerabilidad) es tu oportunidad para intimar con ella.

11. No asumas que una persona quiere tener relaciones sexuales contigo, sin importar lo que haya pasado en el pasado.

12. No preguntes sobre la vida sexual de otras personas, ellos y ellas no quieren escuchar de tu vida sexual, ni tampoco quieren contarte la suya.

13. No compartas las fotos de desnudos que te envíen, eso rompe la confianza depositada en ti y es un delito.

14. Si ves a alguien en peligro o siendo acosado, intercede y difunde la situación.

15. Si alguien te dice que fue atacada/o, o agredida/o sexualmente, no asumas que está exagerando o fue su culpa. Escúchale, créele y hazle sentir segura/o y comprendida/o.

Nota: para un cristiano, todo se debe resumir a versos tales como **1P. 4:1-2:** *"Por tanto, puesto que Cristo ha padecido en la carne, armaos también vosotros con el mismo propósito, pues quien ha padecido en la carne ha terminado con el pecado, para vivir el tiempo que {le} queda en la carne, no ya para las pasiones humanas, sino para la voluntad de Dios".*

233. El cristianismo constantiniano, se ha encontrado con la condición postmoderna. En esta, todo el saber queda afectado por las comunicaciones, las cuales, a su vez, están dominadas por el capitalismo brutal. Esta última oración, en cierta forma, es lo que trata Jean-Froncois Lyotard, en su libro "La Condición Postmoderna". Esta mentalidad materialista, ahora es parte intrínseca de las organizaciones que se dicen ser cristianas.

Se percibe en muchas iglesias, un mercantilismo rampante, en donde las personas pierden la dignidad de seres humanos y se convierten en un instrumento más a favor del enriquecimiento de dichas organizaciones. Estoy convencido, de que este mal del materialismo es una de las grandes razones por las cuales el cristianismo ha perdido su relevancia en las sociedades postmodernas (y como enseña un material de mayordomía de la IDP, "una iglesia materialista no puede ganarse a un mundo materialista). El evangelio austero de Cristo ha sido convertido en el evangelio de la prosperidad. Este, no es más que el espíritu de consumo que abruma a la sociedad, disfrazado de evangelio.

Lo que estimula a la perversión sexual

234. Fruto de un análisis filosófico-histórico y un subsecuente ajuste del dogma, la iglesia se podría renovar a sí misma y hacer frente a estos nuevos tiempos. Un problema que encontró Isabel fue que el dogma del celibato no se respetaba en su época. Lejos de revisar esa doctrina y eliminarla, la ratificaron, llegando todavía hasta nuestros días. Esta creencia, de que los pastores católicos romanos deben ser célibes, sigue siendo un dolor de cabeza para esta institución.

Uno de los debates últimos sobre la pertinencia o no de este dogma, se suscitó en el 2009, a raíz del escándalo del Padre Alberto R. Cutié. Este no era cualquier sacerdote, ya que era famoso gracias a sus programas de radio y televisión internacionales. Al ser puesto en evidencia su relación con una mujer, decidió abandonar la iglesia y pasar a otra institución que sí le permitiera ser pastor y esposo a la misma vez.

¿Por qué no oír la voz de la Palabra cuando dice que el obispo debe ser marido de una sola mujer *(1 Timoteo 3:2)*? El problema es que, en el hacer teológico de la Iglesia Católica Romana, hay un problema de origen, oficializado durante el Concilio de Trento. Esto es, poner a la tradición al mismo nivel o por encima de la Biblia. Toda institución que haga esto, cometerá errores doctrinales que tarde o temprano tendrán sus consecuencias. No se le puede prohibir al hombre, aquello que Dios puso en él. Aunque la Iglesia Católica Romana dice que el celibato no es un dogma, sino una disciplina eclesiástica, la verdad es que es una ley impuesta para todo aquel que desee ser sacerdote. Y desde este último punto de vista, en la práctica es un dogma.

Los impulsos sexuales son algo normal en el ser humano, y satisfechos bajo el santo estado del matrimonio, es la idea perfecta del Señor. **Hebreos 13:4** dice: *"Sea el matrimonio honroso en todos, y el lecho matrimonial sin mancilla, porque a los inmorales y a los adúlteros los juzgará Dios"*. Este verso es muy claro, una de las principales maneras que Dios nos ha dejado para evitar los actos sexuales inmorales, es respetar el santo estado del matrimonio.

235. Al analizar el marco ético-religioso de la película Avatar, podemos ver la eterna lucha entre el bien y el mal; así como la lucha del débil por sobrevivir, ante el avance despiadado del poderoso. De parte del bien, podemos ver a Jake tomando la decisión correcta de defender la vida, y no ponerse de parte de la muerte y la destrucción. La lucha de Jake debería ser la misma de todos los habitantes del planeta tierra; es decir, tratar de conservar nuestro hábitat.

Dios creó este lugar, para que nosotros disfrutáramos del mismo, a la vez de que viviéramos en armonía entre nosotros. Sin embargo, la codicia embargó el corazón del hombre, dando lugar a la explotación indiscriminada del hombre por el hombre, así como de los recursos del planeta.

Fruto de este estilo de vida, nuestro planeta está muriendo. El calentamiento global, es la señal visible de esta agonía. Es increíble que, en lugares como República Dominicana, de donde yo soy oriundo, exista escases de agua. República Dominicana, junto con Haití, forman una isla tropical. Sin embargo, allí las sequías son cada vez más intensas.

La tala de árboles, y la extracción de minerales por parte de las grandes corporaciones como la Barrick Gold, han ido destruyendo el medio ambiente natural. Esto, ha dado como resultado que las nubes se nieguen a aparecer y dar su lluvia. A estas grandes corporaciones, como la de la película Avatar, no les importa la vida. Lo único que a ellos les interesa es las ganancias enormes, para que sus grandes accionistas puedan vivir en la más vergonzosa opulencia.

La codicia y desobediencia del hombre

236. Se sigue repitiendo el pecado de nuestros primeros padres: codicia y desobediencia. El hombre expone soluciones a los problemas globales, pero estas siguen atadas a los pecados antes mencionados. La enseñanza que veo en la revelación del Dios de

Israel es una de corte comunitario. Veo a un Dios que se revela en y a través de Su pueblo. Es en esta esfera que se revela la ética de Dios, ellos debían verse y actuar como una comunidad. Lo interesante es que, desde este pueblo, debió extenderse ese mismo mensaje a todas las demás naciones de la tierra. Sin embargo, aun Israel decidió vivir en desunión. Todo esto no destruye el sueño de Dios, el cual se verá cumplido en Cristo.

Cristo es el redentor, en donde Dios ha de reunir todas las cosas. Nosotros, la iglesia debemos reflejar esa unión y esa vida que Dios quiere dar al mundo. ¿Estamos nosotros reflejando un estilo de vida desinteresado y espiritual? O …

¿Estamos más bien comportándonos como las grandes corporaciones, mostrando ambición de poder y de bienes?

¿A qué se parece más nuestras mega-iglesias, a las grandes corporaciones capitalistas, o a la comunidad primigenia de Pandora? La mayoría de los que nos ven desde afuera, están convencidos de que nosotros parecemos más una empresa hambrienta de dinero y poder, que una comunidad simple dirigida por el amor.

237. "El Cristianismo y el Islam". Ambas doctrinas están basadas en las enseñanzas de sus respectivos fundadores. En el caso del Islam, lo fue Mahoma. Y como es lógico, el cristianismo, lleva su nombre por estar fundada en las enseñanzas de Cristo (Ungido). Pablo así lo testifica en **1 Corintios 3:11**, donde señala a Cristo, como el único fundamento de la iglesia de Dios. Una de las principales enseñanzas, de ambos fundadores, y aquí encontramos otra similitud, es la creencia en un solo Dios verdadero. Es decir, ambas religiones, son monoteístas. "El islam rechaza toda forma de politeísmo", lo mismo que el cristianismo, tal y como lo predicó el apóstol Pablo, en **1 Timoteo 2:5**.

Otra gran similitud entre cristianismo y el mahometanismo, la encontramos en el significado del nombre Islam. Esto es: "sumisión y, por lo tanto, un musulmán, es uno que se somete a Dios". Esto es justamente, uno de los grandes pilares del cristianismo. El himno que aparece en capítulo dos de Filipenses, asegura que la exaltación de Cristo fue fruto de haberse humillado y haber obedecido en todo a Dios. Igual que en el cristianismo, los islámicos también requieren oraciones, ayunos y ofrendas voluntarias, como forma de práctica espiritual. Esto ha de ser de bendición tanto para el creyente, como para sus respectivas comunidades de fieles.

Hablando acerca de estas comunidades, la división que se observa en ellas, tanto en islam, como el cristianismo, es algo que los hace parecidos. Así como el cristianismo tiene a los católicos, ortodoxos y protestantes, también el Islam posee tres grandes corrientes: "los sunitas, los chiitas y los sufi."

Al ver ambas religiones, nos damos cuenta que sus respectivas instituciones son misioneras. Cada una de ellas "envía a sus misioneros por todo el mundo para procurar conversiones e influencia." Es por eso que estas dos grandes creencias, les piden a sus seguidores ser fieles testigos de su fe. Así mismo, ambas tienen un código de ética y fe que deben seguir.

En esto también, comparten la creencia de que el Dios verdadero les ha provisto de sus respectivas escrituras sagradas. "Según el Islam, hay un libro que contiene la revelación auténtica y completa de Dios, y es el Qur'an". En el caso de nosotros los cristianos, ese libro se llama la Biblia. Esto nos lleva a otro parecido entre ellas dos. Ambas entienden que ha de haber un juicio final, el cual estará basado en la conducta de las personas, comparadas con lo que está escrito en sus respetivos libros sagrados.

Jesús dijo en **San Juan 12:48**, *"El que me rechaza, y no recibe mis palabras, tiene quien le juzgue; la palabra que he hablado, ella le juzgará en el día postrero."* En el Islam, su escritura ocupa la misma importancia, ya que "Alá reveló su ley a Moisés en la Torá, y Alá le dio a Jesús el Injil (Evangelio). En realidad, hay una sola Escritura, y cada libro sucesivo confirma o corrige los precedentes."

Jesús realizó la mejor de todas las conquistas

238. La primera diferencia que quisiera señalar en base a esta reflexión de carácter religiosa es en el tipo de método que usaron estas dos religiones para establecerse en sus orígenes. Vemos que el fundador del Islam, entra a la ciudad de la Meca con espada en mano. Así lo dice Coduan, refiriéndose a Mahoma: "Después de que su grupo se hubiera fortalecido lo suficiente, pudo regresar a la Meca al frente de un ejército".

Mientras Mahoma practicó y apoyó este método, se registra todo lo contrario en el fundador del cristianismo, cuando leemos lo siguiente en **San Juan18:11**: *"Jesús entonces dijo a Pedro: Mete tu espada en la vaina; la copa que el Padre me ha dado, ¿no la he de beber?"* Así que, Jesús conquistó al mundo, a través de una resistencia contundente, pero pacífica, muriendo en la cruz. Claro está, si estudiamos a los seguidores de Cristo, esta diferencia desaparece, ya que, desde el principio, los cristianos sí utilizaron la espada. Y un gran ejemplo de ello, lo es las guerras de las cruzadas.

Otra diferencia que veo en estas dos doctrinas tiene que ver con la condición personal de aquellos que realizan sus respectivas prácticas espirituales. Mientras que, en el cristianismo, se dice claramente en:

San Juan 9:31 *"Y sabemos que Dios no oye a los pecadores; pero si alguno es temeroso de Dios, y hace su voluntad, a ése oye."*

En cambio, "se puede observar que en el islam popular existe poca relación entre la oración y la ética: un hombre que se levanta en oración para defraudar será recompensado por la oración y castigado por lo defraudado, pero comúnmente se considera que lo uno tiene poco o nada que ver con lo otro".

Algo que nos separa grandemente a islámicos y cristianos, gira en torno al valor de la Biblia, y a la persona de Jesucristo. El islamismo entiende que la biblia está corrompida y que Jesús no comparte la divinidad junto con el Padre. En cambio, que la Biblia es la Palabra de Dios y que Jesús es Dios, son pilares básicos del cristianismo. A pesar de tantos parecidos entre ambas religiones, estas diferencias son un abismo que las divide. Pero a pesar de ello, estoy de acuerdo, y aquí cito a Braswell, de que "la esperanza del presente y el futuro está en nuestro conocimiento recíproco y nuestra comunicación muta."

239. La Cienciología. "Pocas historias son tan exóticas e inabarcables como la de la Cienciología. Nacida como una filosofía laica en 1952 e impulsada principalmente por un escritor de ciencia ficción nacido en Nebraska, Estados Unidos, L. Ron Hubbard, logró que se le reconozca el estatuto de religión en varios países -Estados Unidos, Reino Unido, Sudáfrica, Venezuela, Suecia y Australia-, estrategia que, como iglesia establecida, la eximió de pagar cargas impositivas y la transformó en un fenomenal negocio, gracias al generoso aporte de sus seguidores. Otros países, como Francia, Bélgica y Suiza, la consideran una secta o sencillamente un exitoso emprendimiento comercial.

Buena parte de la notoriedad de este movimiento se debe a la adhesión pública de algunos famosos. [Uno de ellos es] Tom Cruise, quien ingresó al culto en 1986, curiosamente el año de la muerte de Hubbard". Además del anterior famoso, también John Travolta es un militante activo de esta filosofía religiosa. Esto, unido a las controversias altamente difundida por los medios, le han dado mucha notoriedad a esta religión.

Esta notoriedad, ha sido parte de la razón por la que la Cienciología ha tenido tanto crecimiento. En las ciudades donde resido, por ejemplo, es difícil moverse entre ellas sin encontrar un templo o lugar de reunión de la Cienciología: en Pasadena, Los Ángeles, y otras más, están proliferando estos centros. Esto así, gracias al mensaje espiritual que propone, es decir, liberar a las personas de traumas del pasado. Al hacer dicha liberación, la persona podrá dar todo de sí, saliendo a la luz el verdadero potencial del individuo.

El humanismo en alta definición

240. Reflexionando de manera sigilosa acerca del crecimiento que dicen tener dichas sectas en cuanto a sus templos y miembros se refiere, muchos se preguntan "¿Cuántos cienciólogos hay? [y] eso es un asunto de controversia considerable. La Iglesia de la Cienciología dice que tiene 10,000 iglesias, misiones y grupos operando en 167 países, con 4.4 millones de personas más ingresando cada año. Los estudiosos dicen que, a pesar de la proliferación global de las iglesias, el número de miembros es mucho más bajo del que la Cienciología afirma...". Hay quienes creen, basado en un censo hecho en Australia (2,163) e Inglaterra (1,781), que la membresía total de esta corriente de creencias parece ser de 30,000 alrededor del mundo. Así que, como se dijo al principio de esta parte, el tema de cuántos miembros tiene esta iglesia, es muy controversial.

Entre esta ideología y la cristiandad, no existe similitudes. Por ejemplo: Una fe esencial en el cristianismo, es el hecho cierto de que Cristo es Dios, sin embargo, la Cienciología la niega. No solo esto, sino que no hay otro Dios fuera del verdadero; sin embargo, la Cienciología reconoce la existencia de dioses, los cuales, según esta creencia, viven en jerarquía.

La Biblia enseña *...que está establecido para los hombres que mueran una sola vez, y después de esto el juicio (Hebreos 9:27)*; sin embargo, la Cienciología cree en la reencarnación (vidas y muertes sin fin). Esta es solo una muestra, del gran abismo entre el Cristianismo y la Cienciología. De hecho, aunque la Cienciología se define a sí misma como una religión, yo tengo mis dudas sobre tal descripción. Para mí, la Cienciología no es más que un camino humanista, que promete curar los traumas de quienes se acercan a ella.

La mujer. Un instrumento poderoso en las manos de Dios

A sí mismo como Dios terminó poniendo el sello de la creación al concluir con todas sus obras realizadas, vemos que este sello distintivo es la mujer, con ella se finalizó la obra de Eterno, de igual manera, quiero cerrar con estas reflexiones dándole honor a ese ser que muchos están desprestigiando hoy, en esta séptima semana de lectura, creo que la mujer será realzada al nivel donde Dios la ha posicionado, bendigo de manera entrañable a la mujer en esta séptima lectura reflexiva:

Fueron, pues, acabados los cielos y la tierra, y todo el ejército de ellos. Y acabó Dios en el día séptimo la obra que hizo; y reposó el día séptimo de toda la obra que hizo. Y bendijo Dios al día séptimo, y lo santificó, porque en él reposó de toda la obra que había hecho en la creación. Génesis 2:1-3.

Entonces Jehová Dios hizo caer sueño profundo sobre Adán, y mientras éste dormía, tomó una de sus costillas, y cerró la carne en su lugar. Y de la costilla que Jehová Dios tomó del hombre, hizo una mujer, y la trajo al hombre. Dijo entonces Adán: Esto es ahora hueso de mis huesos y carne de mi carne; ésta será llamada Varona, [a] porque del varón[b] fue tomada. Por tanto, dejará el hombre a su padre y a su madre, y se unirá a su mujer, y serán una sola carne. Génesis 2:21-24

La capacidad de la mujer

241. El mundo greco-romano, del cual surge nuestro Nuevo Testamento, fue un mundo eminentemente machista; pero nuestro Señor Jesucristo, cambió radicalmente el menosprecio que se tenía hacia el sexo femenino. El Maestro dio un lugar igualitario a las mujeres dentro de su ministerio, trato que ellas supieron aprovechar, convirtiéndose varias de ellas, en mujeres especiales para la historia del cristianismo.

Mujeres mencionadas en el libro de Hechos tales como Junias, Febe, Priscila, y otras más, dejan ver que ellas, estuvieron al frente de la obra, ministrando mano a mano con los hombres. Igualmente, la vida de mujeres citadas en las páginas de la historia de la iglesia de los primeros siglos, después de cerrado el canon, tales como Santa Perpetua y Felícitas, demostraron que no solo trabajaron junto a los hombres, sino que murieron junto a ellos. De tal manera, que hoy no solo hablamos de "los" mártires, sino que también lo hacemos de "las" mártires, lo cual es una señal de que el papel que desempeñaron las mujeres fue uno de preponderancia, desarrollando ministerios importantes dentro de la misma.

Así que, entrando en la historia más allá de la Biblia, con documentos tales como la Pasión de Santa Perpetua, no cabe duda que el lugar de las mujeres en la época temprana de la iglesia no fue uno de estar tras bastidores o ser un simple reflejo del hombre, sino que estuvieron a la par con él. Ignorando estos antecedentes históricos, muchas organizaciones cristianas, le han cerrado las puertas al ministerio pastoral femenil. Lo bueno es, que hay muchas comunidades de fe, que sí aceptan y fomentan el llamado de Dios para la mujer.

242. Una de las guerras más tristes entre cristianos, lo fue la Guerra de los Campesinos, en Alemania (1524- 1525). Como en la mayoría de las guerras, lo mismo pasó aquí: realmente nadie ganó y todos perdieron. La herencia de una iglesia constantiniana fomentó la diferencia de clases en el cristianismo, terminando en la explotación de campesinos cristianos, por hacendados cristianos…Los campesinos fueron los que mayor vida ofrendaron, muriendo más de cien mil de ellos. En cuanto al clero, vieron a "Sus conventos y fundaciones [ser quemados], sus tesoros robados y vendidos al extranjero o fundidos y sus provisiones se habían agotado.

Los clérigos casi no habían podido oponer resistencia alguna, y el odio popular les había alcanzado con todo su vigor… [Así mismo], la nobleza había sufrido grandes daños. La mayor parte de sus castillos estaban en cenizas, muchas de las mejores familias estaban arruinadas y tuvieron que ganarse la vida al servicio de los príncipes." Estos últimos, quienes representaban la secularización de la sociedad, fueron los grandes ganadores de esta guerra. Esto así, porque al basar la revolución campesina, en el mensaje del evangelio, este fue altamente socavado. No solo perdió la revolución campesina, sino que el mensaje luterano también, junto con todo lo que representaba la fe.

Cuando los cristianos luchan entre sí, el diablo cosecha todo el terreno perdido por causa del odio y la violencia en el pueblo de Dios. Los seguidores de Cristo, debemos ser gente capaz de saber conciliar nuestras diferencias, sin llegar a la violencia para que *"Satanás no gane ventaja alguna sobre nosotros; pues no ignoramos sus maquinaciones"* (2 Corintios 2:11).

Relacionándonos con lo divino

243. El sociólogo Miguel Ángel Mansilla, presenta el movimiento neo pentecostal de la manera siguiente: "El neo pentecostalismo es más bien una etapa del pentecostalismo clásico... De esta manera, la nueva forma de religión es recursiva. Es decir, implica la repetición de una serie de instrucciones simples que las personas deben seguir para establecer una relación de sociedad, filial o amistosa con lo divino, que se manifiesta con la simplicidad predicativa, musical o literaria. Se caracteriza por tres tipos: neocolonialismo religioso protagonizado por los pentecostalismos autóctonos que después de su expansión nacional, se extienden hacia otros países con intereses misioneros, pero luego mantienen el dominio, transformando estas nuevas iglesias en filiales y ellas en una iglesia matriz.

Es más bien una nueva mentalidad religiosa que adquieren líderes pentecostales pertenecientes a un segundo tipo: pentecostalismos denominacionales, sin que esto rompan con ellas. Es una influencia que les llega más bien desde los medios de comunicación, literatura, música o congresos religiosos. Un tercer tipo, y es el más estudiado y rechazado, que se puede destacar como holding religioso que están dirigidos por apóstoles, profetas o conferencistas internacionales, que a su vez tutelan iglesias de pastores en otras ciudades y países, considerados subalternos, quienes deben administrar la misión y visión del apóstol".

Estos hombres y mujeres ex pentecostales que decidieron separarse de lo clásico simplemente sintieron la necesidad de explorar nuevos caminos. Por ejemplo, "el empresario Demos Shakarian no tenía posibilidades de ascender en la jerarquía pentecostal, por lo tanto construyó su propia estructura para eclesial; en este sentido, ciertos teólogos estadounidenses y europeos, identificados con sectores liberales y ecuménicos, así como sociólogos y antropólogos, siguen las mismas distinciones mencionadas; los neo pentecostales son diferentes a los pentecostales, pues al abrazar la [súper] renovación carismática salieron de sus denominaciones."

De hecho, y sin ellos darse cuenta, siguieron una característica del protestantismo americano: la división. Lo único que renovaron fue la manera de hacer la liturgia, pero la vieja práctica de hacer tienda a parte, desautorizando a todo el que no está en su círculo, sigue igual que decenas de años atrás. Lo que debe quedar bien en claro, es que, entre el pentecostalismo clásico, y el neo pentecostalismo hay una división de origen. Es decir, el segundo movimiento es establecido por personas que de alguna manera estaban frustrados dentro del primero. Al salir bajo estas circunstancias, lo hacen atacando el mensaje y la liturgia pentecostal clásica, haciendo un cisma profundo entre uno y otro movimiento.

244. Ninguno de los tres centros de hacer evangelismo puede ser descartado, ni Dios, ni la iglesia, ni el hombre. Sin embargo, creo que hay que tener cuidado de poner al hombre como centro del accionar eclesiástico. ¿Por qué? Porque es Dios el autor de las misiones, es a Dios que el hombre debe de escuchar y no a la inversa. Ahora bien, si para atraer al hombre hay que usar ciertas campanadas, pues hagámoslo, pero una vez el pez esté en la red, este debe ser formado con la Palabra de Dios. Atraerlo a través de las artes modernas, para seguir entreteniéndolo durante toda su vida cristiana, no es sano.

Una iglesia que entretiene sus miembros no es el plan de Dios. Se ve en la iglesia que Cristo fundó, una preocupación de entrenar a sus miembros, de tal manera que, a la hora de las pruebas difíciles, estos prevalezcan en la fe verdadera. No solo eso, sino que estos deben madurar en la fe, para que así mañana ellos sean los que ayuden a otros a crecer espiritualmente. El apóstol Pablo, en su fórmula sin fin para reproducir el cristianismo lo dijo así: **2 Timoteo 2:2:** *"Lo que has oído de mí ante muchos testigos, esto encarga a hombres fieles que sean idóneos para enseñar también a otros".* En este verso, muchos ven cuatro generaciones: Pablo, Timoteo, hombres fieles, y otros. Sin embargo, lo que existe acá, es la fórmula perfecta para que se perpetúe la continuidad de la verdadera fe.

Pablo no pensaba en cuatro generaciones, sino en la reproducción en el tiempo y el espacio del mensaje de Dios. Evidentemente, que no es entreteniendo sino entrenando, que lograremos cumplir con la orden dada por Dios, a través del apóstol Pablo.

La creencia digna de profesar

245. Nuestra Declaración de Fe: "Creemos en la Santísima Trinidad, un solo Dios que existe eternamente en tres personas: el Padre, el Hijo y el Espíritu Santo.

Creemos en un solo Dios, Padre, Creador del cielo y de la tierra, de todo lo visible y lo invisible. Creemos en un solo Señor, Jesucristo, el Hijo unigénito de Dios, eternamente engendrado por el Padre. Todo fue creado por medio de Él y para Él.

El Hijo es Dios verdadero y hombre verdadero. Fue concebido por el poder del Espíritu Santo, y nació de la virgen María. Padeció, murió y fue sepultado, y al tercer día resucitó de entre los muertos. Ascendió a la diestra del Padre, y volverá para juzgar a los vivos y a los muertos. Su reino no tendrá fin. Creemos en el Espíritu Santo, el Señor y Dador de la vida, quien procede eternamente del Padre. Él es Maestro, Consolador, Ayudador y Dador de los dones espirituales. Por medio de Él se aplica la obra salvífica y santificadora de Jesucristo a la vida del creyente. Él es la empoderadora presencia de Dios en la vida del cristiano y de la Iglesia.

El Padre ha enviado a Su Hijo a bautizar con el Espíritu Santo. Hablar en lenguas y llevar el fruto del Espíritu son las señales neotestamentarias de ser llenos del Espíritu Santo. Creemos que la salvación es por gracia, por medio de la fe en la muerte expiatoria de Jesucristo en la cruz. Él murió en lugar nuestro. Los pecados del creyente son perdonados por el derramamiento de la sangre de Jesucristo. Creemos que hay sanidad para la mente, el cuerpo, el alma y el espíritu del creyente por medio de la sangre de Jesucristo y el poder del Espíritu Santo.

Creemos en un solo bautismo en el nombre del Padre, y del Hijo, y del Espíritu Santo. Creemos que la gracia de Dios trae perdón y reconciliación a los que se arrepienten, además de la santificación, la cual los capacita para vivir a la manera de Cristo.

La santificación es tanto una obra definitiva de la gracia como un proceso de transformación constante en el creyente, efectuada por la sangre de Jesucristo, la Palabra de Dios y el poder del Espíritu Santo. Creemos en una Iglesia santa y universal, que se compone de todos los verdaderos creyentes en Jesucristo, la cual ofrece confraternidad y llamamiento al servicio para los hombres y las mujeres de todos los pueblos, naciones, culturas y lenguas. Creemos en la unidad espiritual y visible de la Iglesia.

Creemos que la Biblia - que consiste del Antiguo y el Nuevo Testamento- es la Palabra inspirada de Dios. La Biblia revela el carácter y la voluntad de Dios para la humanidad; y es suficiente para instruir en la salvación y la vida cristiana diaria. La Biblia es la regla de fe y conducta del cristiano. Creemos que Dios reconciliará, en Cristo, todas las cosas en el cielo y en la tierra. Por lo tanto, esperamos un cielo nuevo y una tierra nueva donde mora la justicia." (COGOP-IDP).

246. Aun en medio de tanta precariedad, todos vivimos ciertos principios de mayordomía cristiana. En nuestra iglesia le llamamos las tres T: tiempo, talento y tesoro. Antes de pasar a presentar lo que nuestra iglesia dice en cuanto al tema de la administración, veamos el llamado de nuestro supervisor internacional a tener una buena mayordomía cristiana, (encontradas en el libro: "Un Llamado a la Mayordomía", de la Iglesia de Dios de la Profecía):

"Un llamado a la mayordomía: ¡Qué maravilloso llamado para toda persona! Y muchos lo han escuchado, sin embargo, Dios nos continúa llamando a labrar… de corazón, cómo para el Señor y no para los hombres **(Colosenses 3:23).** A medida que respondemos a este llamado, recordemos constantemente que…toda buena dádiva y todo don perfecto desciende de lo alto, del Padre **(Santiago 1:17).** Sabemos que tenemos un Padre amoroso, sin embargo, somos desafiado a probarlo y confiar que El abrirá las ventanas de los cielos, y derramará sobre nosotros bendición hasta que sobreabunde **(Malaquías 3:10).**

Un llamado la mayordomía dará perspectiva y balance a las personas de todas las edades a mediada que procuremos ser mayordomos fieles de lo que Dios nos ha dado. También nos capacitará para los mementos den los cuales Dios nos llama a confiar en El en nuestras finanzas, sabiendo que El será fiel en derramar bendición hasta que sobreabunde. A menudo consideremos que la mayordomía es sinónimo de responsabilidad, pero debemos de considerarla como sinónimo de fe y confianza. Acatemos este llamado a confiar en Dios en cada área de nuestras vidas. Estemos atentos al llamado de ser buenos mayordomos de lo poco o mucho que tenemos, mientras alcanzamos nuestras comunidades, naciones y el mundo con la esperanza de Jesucristo..." (Bishop Sam Clements).

Es necesaria indudablemente la mayordomía

247. Como se puede ver en estas palabras reflexivas dichas por Bishop Sam clements, hay un llamado serio a cada miembro de nuestra iglesia, no importa su condición económica, a ser responsable ante el manejo de sus finanzas. Con este material, educamos a nuestra gente sobre las siguientes verdades bíblicas, (cito nueva vez el material de las tres T, de la IDP):

1. Jesús habló más del dinero, que de cualquier otro tema. Con esto se demuestra, que al Señor le interesa bastante nuestra disciplina en esta área. ¿Por qué? Porque el mal manejo del dinero es una ruta directa hacia la idolatría, el divorcio, y muchos otros males. En esta parte introducimos el tema del diezmo, invitamos a las personas a realizar esta práctica, como una manera de modelar que lo que tenemos no es nuestro, sino de Dios; siendo nosotros simples administradores de los bienes que el Señor nos da.

2. En tal sentido, enseñamos diez verdades en cuanto al diezmo: **1.** El diezmar es un privilegio. **2.** El diezmar es la piedra angular hacia una buena mayordomía cristiana.

3. El diezmar es una fuente de bendición. **4.** El diezmar es una muestra de agradecimiento. **5.** El diezmar es una forma de poner a Dios primero. **6.** El diezmar es una disciplina de formación espiritual y de discipulado. **7.** El diezmar también demuestra nuestra confianza en Dios. **8.** El diezmar es una disciplina. **9.** El diezmar contrarresta la cultura del consumismo. **10.** El diezmar es un testimonio de quiénes somos.

3. Dios no está en contra de las riquezas, ni del tener posesiones. Lo malo es aferrarse, codiciar y desarrollar toda la vida de la persona en torno a las riquezas. Al hacer esto, no encontramos contentamiento con lo que tenemos, sino que siempre estamos en busca de más y más. Este estilo de vida, aparta a las personas de Dios y de lo espiritual no se puede servir a Dios y al dinero **(Mateo 6:24).**

4. Lo anterior nos lleva a la siguiente afirmación: no estamos de acuerdo con el evangelio de la prosperidad. Este predica de que Dios quiere que todos los cristianos sean prosperados a tal punto de que sean ricos, bíblicamente no es cierto. A Dios no le interesa cuánto dinero tengas en el banco:

"Dios quiere que tengamos todo lo que necesitamos, no todo que deseamos".

5. Así que, el verdadero contentamiento está en Cristo, no en las posesiones materiales **(1 Timoteo 6:6- 10).** En este pasaje Pablo dice cosas como: **a)** La piedad con contentamiento es una gran ganancia. **b)** No trajimos nada a este mundo, y nada nos llevaremos. **c)** Si tenemos sustento y abrigo, estemos contento con ello. **d)** Aquellos que quieren enriquecerse caen en tentación y lazo. e) El amor al dinero es la raíz de todos los males. Y, **f)** la codicia aleja de la fe. Todo esto nos lleva concluir, que debemos buscar a Dios antes que a las posesiones materiales.

Principios de transparencia en el manejo del dinero en la iglesia

248. 6. En la iglesia de Dios de la Profecía en la ciudad de Rosemead, suscribimos en la práctica los siguientes principios, de Mario E. Fumero, con adaptaciones ya realizadas en el siguiente escrito: **"PRINCIPIO UNO:** Los diezmos y las ofrendas no son para "el ministro", sino para que en la casa del Señor no "haya necesidad... Sin embargo, hoy ya no existe una tribu sacerdotal como en el A.T., pues el Señor nos ha hecho a todos "SACERDOTES" **(1 Ped. 2:9, Ap. 1:6)** Y MINISTROS de un nuevo pacto. [Aunque el precedente antiguo testamentario es claro, con los diezmos se sostienen los que trabajan en el altar **(1 Corintios 9:13)].**

En la pauta bíblica, los bienes traídos a la iglesia eran para resolver muchas necesidades de la misma comunidad y no eran sólo para que EL MINISTRO VIVIERA mejor que las ovejas. Esto se evita con una política de presupuesto que traces parámetros de prosperidad general, pues también es cierto que "el obrero es digno de su salario" **(1 Tim. 5:18)**.

PRINCIPIO DOS: Los ministros no deben tomar decisiones aisladas en el manejo de fondos, se debe trabajar en base a un presupuesto y todo se debe elaborar en equipo, entre el [comité de finanzas] y el pastor, participándole a la iglesia local todo lo acordado. El pastor, ni ningún anciano podrán tomar decisiones administrativas aisladamente, fuera de lo aprobado por el presupuesto o el comité respectivo.

La iglesia local deberá ser informada sobre el manejo de los fondos de la Iglesia, y los ancianos trabajarán en equipo en estas áreas para cubrirse uno a otros las espaldas. Todo lo anterior, está subordinado a los fondos que la iglesia local puede manejar. Esto así, porque somos un concilio, y hay pautas desde la Asamblea Internacional para el manejo de las ofrendas y los diezmos. **PRINCIPIO TERCERO:** De los fondos generales de la Iglesia no se debe de hacer préstamos personales a nadie, pues esto crea precedente, y convierte sus fondos en una "empresa prestamista" y forma costumbres que tienden a ser ley.

Cuando haya que ayudar a un hermano lo podrá hacer en calidad de ayuda, ofrenda, etc.… de acuerdo al presupuesto. Cualquier decisión fuera de los presupuestado deberá ser sometida al consejo de ancianos, previa consulta al diácono tesorero o comité administrativo... **PRINCIPIO CUARTO:** En cuanto al uso de "FONDOS CONSIGNADOS", o sea donados o levantados para un fin determinado: para campamentos, equipo, pro-templo, vehículos etc.., no se podrá usar para otro fin que el destinado a no ser que:

•El comité que maneje esos fondos actuará de acuerdo a la política previamente trazada para tal fin. A veces existen fondos fijos que al crearse no se pueden tocar hasta que vaya a su destino final, Ej;

Pro-templo. Si dicho comité decide un uso fuera de lo acordado, deberá consultar con los donantes del dinero antes de actuar.

• Toda decisión administrativa que altere normas, pautas o comprometa deudas, préstamos etc., deberá ser considerado en junto o consejo incluso a veces debe llevarse a la iglesia local."

7. Finalmente, enfatizamos estas y otras enseñanzas más, como manera de que los miembros de nuestra iglesia confíen en Dios, y no en las riquezas.

249. Una reflexión en base a Yoder, y su libro "La Realidad Política de Jesús". ¿Era el camino de los Zelotes (camino de violencia) el único, para resistir en contra del imperio romano? A través de historias tales como: La de "Pilatos y las efigies de Cesar" y La de "Gayo Calígula y la orden a Petronio de colocar una estatua suya en el templo" (todo sucedido en una misma década), se demuestra que los judíos sabían resistir exitosamente sin necesidad de usar la violencia. Igualmente, Jesús, rechazando el uso de la espada, a través de su cruz resistió pacíficamente a la maldad.

La cruz no es señal de sumisión, sino de resistencia pacífica contra el mal. El mensaje básico de este día es: "Amor universal, No-violencia y Paz. El Amor universal es mejor que el egoísmo, la No-violencia es mejor que la violencia y la Paz es mejor que la guerra:". La Palabra nos hace un claro llamado en este sentido, en **Romanos 12:21**: *"No seas vencido de lo malo, sino vence con el bien el mal." Resiste, lucha, pero a través de todo método "no violento".*

250. Para los que no lo saben, el 13 de febrero es el Día Mundial del Soltero. "El 13 de febrero, un día antes del Día de San Valentín o Día de los Enamorados se celebra el Día Mundial del Soltero. Como contraste al celebradísimo en todo el mundo Día de los

Enamorados, este día se creó espontáneamente como homenaje a todos los solteros o singles del mundo (solteros y solteras, divorciados y divorciadas, separados y separadas, viudos y viudas) que no celebran el Día de los Enamorados, por encontrarse sin pareja."

Una historia muy peculiar e importante de dos solteros en la Biblia, fue la de Boaz y Ruth. "En el Midrás de Sifré Números …encontramos un ejemplo de exégesis rabínica de **Rut 3:13**: *[Pasa aquí la noche, y cuando sea de día, si él te redimiere, bien, redímate; más si él no te quisiere redimir, yo te redimiré, vive Jehová. Descansa, pues, hasta la mañana.]*:

«La mala inclinación le estuvo atormentando [a Boaz] toda la noche, diciéndole "Tú estás soltero y buscas una mujer, y ella está soltera y busca un hombre, y tú has aprendido que una mujer se adquiere por la unión sexual, levántate, pues, entra a ella y será tu mujer."

Él le juró a la mala inclinación "Vive YHWH, que no la tocaré", y a la mujer dijo "Sigue acostada hasta la mañana… El diálogo entre Boaz y Rut se interrumpe durante el resto de la noche. Rut vuelve a acostarse a los pies de Boaz, como hizo en v. 7, pero esta vez por expreso mandato de Boaz. Así pasaron la noche hasta poco antes del alba. El texto que sigue manifiesta con claridad lo que preocupaba a Boaz: él no quería que sufriera lo más mínimo la buena fama de que gozaba Rut, como mujer virtuosa" (José Vilches. "Ruth y Ester". Pág. 120)

Lo que vemos acá, es el accionar de un hombre soltero que hizo las cosas bien. A veces, el soltero(a) tiende a desesperarse y a actuar al margen de la voluntad de Dios, y es ahí donde se hacen las cosas de manera incorrecta. El hombre y la mujer de Dios soltero(a), aun cuando la vida los coloque en posición de cometer un pecado, debe contenerse. Debe seguir esperando en el Señor, hasta entrar en el santo estado del matrimonio. Toda relación sexual fuera del matrimonio es pecado. **Hebreos 13:4** sigue diciendo lo mismo: *"Honroso sea en todos el matrimonio, y el lecho sin mancilla; pero a los fornicarios y a los adúlteros los juzgará Dios."* Es una palabra fuerte, pero es palabra de Dios. Si estás soltero(a), sigue el ejemplo de Boaz, haz las cosas bien. Feliz 13 de febrero.

¡Si la gente entendiera la importancia del perdón!

251. El perdón. Los verdugos eran aquellos hombres encapuchados que asestaban el golpe de muerte al reo condenado a muerte. Lo triste es que los verdugos no han desaparecido, siguen existiendo en nuestros días; y están en todas partes, y es posible que esos verdugos seamos tú y yo. **1 Samuel 16:11, 17:26-29, 42.** Escrituras como estas, demuestran que David fue menospreciado por su familia, por su esposa **1Cronicas15:29**, por el rey Saúl, entre otros. Además, traicionado por su hijo Absalón y hasta por sus generales en un momento determinado. Sin embargo, nunca vemos a David tratando de vengarse. De hecho, vemos a David perdonando a Saúl **(1er Samuel 24)** y a su hijo Absalón **(2do Samuel 14).**

En esa actitud de David, encontramos una fuente para el tema del perdón en el libro de los Salmos. En este libro se relacionó muchas veces a Dios con el perdón: **1.** Se pedía perdón a Dios **(Sal. 25:18). 2.** Se le Llamaba bienaventurado al que recibía perdón de parte de Dios **(Sal. 32:1). 3.** Se confiaba en el futuro perdón de Dios **(Sal. 65:3). 4.** Se testificaba del recibimiento de un perdón de Dios que el pueblo no merecía **(Sal. 78:37-39). 5.** El perdón de Dios es tan poderoso que fue capaz de cubrir todos los pecados del pueblo **(Sal. 85:2). 6.** La capacidad perdonadora de Dios es motivo de reverencia hacia Su persona: *"JEHOVA, si mirares a los pecados, ¿Quién, oh Señor, podrá mantenerse? Pero en ti hay perdón,*

Para que seas reverenciado. Esperé yo a Jehová, esperó mi alma; En su palabra he esperado". (Sal. 130:3-5).

David, y todos los demás escritores del libro de los salmos, tomaron el modelo perdonador de Dios. Aquella fue una época en la que Cristo todavía no había vivido en carne. Así que, agréguele el ejemplo perdonador de Jesús, y se completa en la Biblia de forma perfecta el tema del perdón.

Ahora, tan clave es este tema, que el que no perdone las ofensas de los demás no recibirá el perdón de parte de Dios **(Mateo 6:15)**. Aprende a perdonar, y serás perdonado. Diez pasos para aprender a perdonar: **1.** Reconocer que está herido. **2.** Reconocer que esa actitud está dañando a otros que no tienen la culpa. **3.** Debes saber que tú también has dañado a otros. **4.** Debes saber que esas personas que te hirieron fueron heridas antes. **5.** Como esta persona fue herida ten compasión de ella. **6.** Aprende a decirle las cosas a quien te ofendió, no lo ocultes. **7.** Pide a Dios el espíritu de perdón. **8.** Expresa perdón en voz alta. **9.** Debes verte perdonando a esa persona. **10.** Perdona y deja todo en el olvido, no se puede cambiar el pasado.

252. Cuando Dios llamó a Abraham, en dos ocasiones lo invitó a alzar sus ojos y mirar más allá de sus contornos.

La primera vez fue cuando Lot y él se separaron. Dios le dijo: *«Alza ahora tus ojos, y mira desde el lugar donde estás hacia el norte y el sur, y al oriente y al occidente. Porque toda la tierra que ves, la daré a ti y a tu descendencia para siempre. Y haré tu descendencia como el polvo de la tierra; que si alguno puede contar el polvo de la tierra, también tu descendencia será contada»* **(Génesis 13.14-16 RV60)**.

La segunda vez que Dios invitó a Abram a levantar sus ojos fue después de rescatar a Lot cuando fue secuestrado por los reyes que derrotaron a los reyes de Sodoma y Gomorra. Dios se le apareció y le dijo: *«No temas, Abram; yo soy tu escudo, y tu galardón será sobremanera grande». A seguidas, Abram le refirió a Dios su situación de no tener hijo y su preocupación de ser heredado por un extranjero. Dios le prometió un hijo a Abram, y también lo llevó fuera, y le dijo: «Mira ahora los cielos, y cuenta las estrellas, si las puedes contar. Y le dijo: Así será tu descendencia. Y creyó a Jehová, y le fue contado por justicia»* (Génesis 15.1-6 RV60).

Como podemos leer en ambas historias, la primera vez que Dios le dice que levante su vista, fue para que viera el horizonte que tenía por delante. La segunda vez, fue para que mirara hacia arriba, de tal manera que viera toda la expansión y multiplicación que venía en el futuro. En Abraham se marca un camino para todo hijo de Dios, este es el de la fe y la esperanza. Presta atención a este dicho de **Proverbios:** *"No envidie tu corazón a los pecadores, antes vive siempre en el temor del Señor; porque ciertamente hay un futuro, y tu esperanza no será cortada".* **Proverbios 23:17-18.**

El llamado es a ir más allá del presente tiempo, que tu mente no se estanque en la situación actual porque hay un futuro en Dios para ti, hay mucho más. ¡Animo!

253. "La resiliencia es la capacidad que tiene una persona o un grupo de recuperarse frente a la adversidad para seguir proyectando el futuro. En ocasiones, las circunstancias difíciles o los traumas permiten desarrollar recursos que se encontraban latentes y que el individuo desconocía hasta el momento." Recuerdo a un compañero de trabajo, el cual no pudo superar una fuerte tragedia que vino a su familia, y simplemente se dejó morir de tristeza. Ya no pudo ni dormir, ni comer, y al cabo de unos pocos meses después de la muerte trágica de su hijo, él murió también. ¿Se dan cuenta lo importante que es la Resiliencia?

La Biblia está llena de historias de personas que fueron resilientes, la más extraordinaria de todas es la de Job. Esta persona, pierde todo lo que un ser humano puede poseer en la vida; es decir, finanzas, hijos, esposa, y hasta los que se decían ser sus amigos solo fueron a acusarlo. Así que, en cierto sentido perdió su testimonio frente a ellos quienes dudaban de su integridad. Sin embargo, y aquí vemos la resiliencia, Job, en medio de tantas perdidas, vislumbró un futuro glorioso para sí, cuando dijo: *Yo sé que mi Redentor vive, y al final se levantará sobre el polvo. Y después de deshecha mi piel, aun en mi carne veré a Dios; al cual yo mismo contemplaré, y a quien mis ojos verán y no los de otro* **(Job 19: 25-27).**

Las personas resilientes, cuando al igual que Job se encuentran frente a una adversidad o a algún tiempo de duelo, no se preguntan ¿Por qué? Sino ¿Para qué? En cierta forma, Job sabía que detrás de toda aquella adversidad, tenía que haber algún plan, por eso el vislumbraba un futuro en Dios, aun fuera más allá de su vida en la carne. Todo hombre y mujer de Dios, debe ser resiliente, alguien capaz de soportar los duros vientos de la vida, izar las velas y usarlos a su favor navegando hacia el futuro.

El real distintivo de la iglesia

254. Jesús se negó a que el distintivo principal de su iglesia fuera el exclusivismo. Cuando le pidieron que prohibiera predicar a uno que no andaba con él, su respuesta fue: *"El que no es contra nosotros, por nosotros es"* **(Marcos 9:40).** También, Jesús se negó a que la ira fuera la guía principal de su iglesia, cuando Juan y Jacobo quisieron pedir fuego del cielo para que consumiera una aldea que había rechazado al Maestro. *El los reprendió y le dijo que él vino a salvar, no a perder las almas* **(Lucas 9:5).**

Jesús se negó a que las señales y maravillas fueran los distintivos principales de su ministerio, cuando al sanar a muchos les mandaba a que no dijeran nada, como en el caso del **Mateo 8:4** (la sanidad de un leproso). Como quizás te diste cuente, el exclusivismo, la imagen de un Dios airado, y la exhibición de obras sobrenaturales, son distintivos de muchas iglesia, concilios y congregaciones hoy en día. No me malinterpreten: yo creo que cada organización debe darse su valor, que hay un tiempo para la ira de Dios, y que el Señor continúa haciendo milagros. Sin embargo, estoy convencido de que Jesús quiso que fuera otro el distintivo principal de su iglesia, y eso es EL AMOR.

Juan lo dice así: *"Un mandamiento nuevo os doy: que os améis los unos a los otros; que como yo os he amado, así también os améis los unos a los otros. En esto conocerán todos que sois mis discípulos, si os tenéis amor los unos a los otros."* **Juan 13:34-35** Así que, no levantes tanto la bandera de tu organización, no exaltes tanto la imagen de un Dios airado, ni tampoco pongas las señales como lo más grande que puede ocurrir en la iglesia. Es tiempo de vivir el amor como lo que es: el mayor distintivo de la comunidad cristiana.

255. En 1855, un maestro de escuela dominica, Edgar Kimball, se dirigió a una zapatería. Allí siendo obediente a la voz de Dios, se dirigió al joven vendedor, y le dijo "quiero que sepas que Jesús te ama". Hablaron por unos minutos y el joven se arrodilló aceptando a Cristo como su salvador. Este dependiente fue Dwight L. Moody, uno de los evangelistas más grande de la historia moderna del cristianismo. En 1879 Moody, en una de sus campañas se ganó a F. B. Mayer, otro gran evangelista. Meyer se ganó para Cristo a J. Willbur Chapman, el cual obediente a Dios, fundó la Asociación de jóvenes cristianos YMCA. Por medio de la YMCA, Chapman guió a una joven estrella del baseball, el jugador Billy Sunday, dejó el baseball para convertirse en evangelista.

Mientras este hombre que fue obediente a Dios predicaba una de sus campañas, hizo que toda la ciudad de Carolina del Norte quisiera más de estas campañas, trayendo más evangelistas. Así que invitaron a Mordecai Ham. En 1934, mientras este predicaba, se convirtió un joven, el nombre del cual era Billy Graham. Así que, por la obediencia de un solo hombre, que le habló a un joven vendedor de zapatos, miren todo lo que sucedió ¿Qué hubiera pasado, si aquel primer hombre hubiera sido rebelde a la voz de Dios? Ni de imaginar.

Toda la historia anterior, nos revela la gran verdad de **1 Corintios 9:16:** *"Pues si anuncio el evangelio, no tengo por qué gloriarme; porque me es impuesta necesidad; y ¡ay de mí si no anunciare el evangelio!"* El apóstol Pablo vio la repercusión que tendría su anuncio del evangelio, a lo largo del tiempo y del espacio. Tanto el trabajo del apóstol, como el de Edgar Kimball, y de muchos otros grandes hombres y mujeres de Dios, se parece al impacto de una roca en el agua. "El choque provoca que las partículas de agua se agiten unas contra otras, así se transmite una vibración que forma ondas concéntricas".

Esta agitación de las aguas hecha por los evangelistas nunca ha sido estática; siempre ha existido este efecto multiplicador del evangelio. Pablo lo plasmó magistralmente en **2 Timoteo 2:2:** *"Lo que has oído de mí ante muchos testigos, esto encarga a hombres fieles que sean idóneos para enseñar también a otros."* Querido hermano (a), se obediente a la voz, haz tu parte, Dios dará el crecimiento.

Estas cosas suceden porque la presencia de Dios lo cambia todo: la presencia de Dios en la familia de Set allá en Génesis produjo a un Noé; mientras que de lado de Caín produjo a un Lamec, un hombre soberbio. / La presencia de Dios cambió la vida de Abram, de vivir en idolatra y esterilidad, hacia una vida de adorar al verdadero

Dios y hacia la multitud de descendencia./ Cambió la vida de Jacob, de ser un mentiroso a ser un referente del hombre que busca a Dios. Es imposible que la presencia de Dios pase por una vida, y esta siga igual. ¿Cuál es el cambio que ha hecho Dios en tu vida? Espero que en ti sea digno de elogiar.

La Integridad en José

256. Veamos lo que hace a José un modelo de integridad digno de imitar, no es solo el episodio con la esposa de Potifar, sino es toda una vida en comunión con Dios.

1. Íntegro cuando decide contar un sueño que podía traer problemas con su familia, pero que él sintió que tenía que contarlo.

2. Íntegro cuando se trama y se ejecuta su venta a los madianitas, y sin embargo en la narración bíblica no se escucha su voz maldiciendo o guerreando contra sus hermanos.

3. Íntegro cuando fue puesto a administrar parte de los bienes de Potifar y viendo éste su seriedad, y el progreso bajo la autoridad de José, decidió ascenderlo a mayordomo de toda la hacienda.

4. Íntegro cuando siendo mayordomo de toda la casa, la esposa de Potifar quiso tener relaciones con él, y él se negó.

5. Íntegro cuando cae en la cárcel, y aun allí se mantiene fiel, sin variar su estilo de vida, al punto de que también allá es puesto como administrador de todos los presos.

6. Íntegro cuando puesto a administrar todo Egipto hizo un trabajo de excelencia, tal y como fue trazado siete años antes, y al venir el hambre, allí estaban las reservas según lo planeado.

7. Íntegro cuando al tener la vida de sus hermanos en sus manos, vio todo a través de los ojos de Dios: "no fueron ustedes, sino la providencia de Dios que me trajo hasta aquí."

8. Íntegro cuando no solo perdona, sino que recibe a su familia para cuidar de ellos.

9. Íntegro cuando al morir Jacob, no toma venganza de sus hermanos.

10. Íntegro cuando desea que sus huesos moren en la tierra prometida, honrando así la historia de Dios y los patriarcas.

Finalmente observe lo siguiente, lo cual confirma lo dicho al inicio de este párrafo, de que la integridad de José no se trata de un evento, sino de toda una vida: "era de treinta años cuando comenzó a gobernar todo Egipto, y murió de ciento diez años. Sin embargo, no se puede hallar una mancha en su estilo de vida." Así que, la integridad no es un acto aislado de honor en la vida de una persona, sino que es la actitud correcta que debe acompaña en cada acción de nuestros días en esta tierra.

•Pregunta: ¿Qué produce esta clase de integridad en un hombre? ¿La genética? Ciertamente que ni la madre, ni el padre de José pudieran ser un referente de integridad, así que no fue heredada. ¿El entorno? Según la vida de los hermanos de José, el entorno estaba viciado. De hecho, los entornos generalmente ofrecen más cosas malas que buenas. Así que, no fue de su entorno que José obtuvo   su integridad ¿Los Estudios? Si los estudios produjeran integridad, no tuviéramos tantos funcionarios públicos en las cárceles hoy. Los estudios te preparan en ciertas ramas del saber, pero no producen integridad. Hay personas sin preparación académica que son integras, y persona con estudio que no lo son; y viceversa.

La integridad viene de Dios, el cual es la representación máxima de la perfección: **Santiago 1:17 dice:** *"Toda buena dádiva y todo don perfecto desciende de lo alto, del Padre de las luces, en el cual no hay mudanza, ni sombra de variación."*

El proceso de la emigración

257. La Inmigración. Desde el mismo momento en que Dios sacó al hombre del jardín del Edén, nos convertimos en emigrantes e inmigrantes. Es decir, el hombre está constantemente saliendo de un lugar, y llegando a otro. La primera ciudad del mundo se fundó gracias a este fenómeno llamado emigración. Esa primera ciudad se llamó Enoc, y la fundó Caín mientras era un desterrado de la humanidad. Así mismo, el inicio de la formación del pueblo de Israel comenzó con un inmigrante, Abram. Y luego, todos esos descendientes de Abraham fueron inmigrantes en Egipto. Del vientre de esa nación vino Jesús nuestro salvador, el cual también fue inmigrante en el mismo Egipto. Al crecer fundó su iglesia en la ciudad de Jerusalén, al poco tiempo, esta comunidad fue expulsada más allá de las fronteras de aquella ciudad.

Desde entonces, la iglesia es una constante peregrina en el mundo. Esto llevó al Apóstol Pedro a comparar al pueblo de Dios como un cuerpo de emigrantes: **1 P. 2:11** *"Amados, os ruego como a extranjeros y peregrinos, que os abstengáis de las pasiones carnales que combaten contra el alma".* Dicho todo lo anterior, podemos concluir que la inmigración nunca ha sido causa de problema, sino una realidad de la vida en este planeta. Realidad que ha hecho posible la conformación de pueblos tan importantes como Estados Unidos de Norte América. De hecho, no existe un país en el mundo que no sea producto de la emigración. "En términos prácticos todas las personas son migrantes o descendientes de migrantes."

El peligro de la insensatez

258. La Insensatez: *Y aquel varón se llamaba Nabal, y su mujer, Abigail. Era aquella mujer de buen entendimiento y de hermosa apariencia, pero el hombre era duro y de malas obras; y era del linaje de Caleb. 1 Samuel 25:3*

1 Samuel 25:25: "No haga caso ahora mi señor de ese hombre perverso, de Nabal; porque conforme a su nombre, así es. Él se llama Nabal, y la insensatez está con él; más yo tu sierva no vi a los jóvenes que tú enviaste".

Gracias a su insensatez, Nabal se puso al borde de la muerte, y no solo a él, sino a toda su familia. La familia es nuestro mundo, nuestro universo, en donde reina Dios y administran los padres. Allí no entran los políticos manipuladores, ni los controladores de afuera. Es un centro en donde debe girar constantemente el amor, la comprensión, la aceptación, el respeto mutuo, y todos los buenos valores. Es por eso que hay que desechar las actitudes de Nabal. En otras palabras, toda familia necesita estabilidad, y los que son como Nabal no pueden darla. Solo los que sigan los valores bíblicos, pueden dar una estabilidad duradera a los suyos.

Se necesitan muchos movimientos inteligentes para edificar una familia, y solo unas pocas acciones insensatas para destruirla. Es cuestión de tiempo, para que los hombres como Nabal afecten negativamente a su familia. Tenga mucho cuidado con la insensatez (el actuar sin sentido, sin la razón. Bíblicamente equivale a necedad).

259. En la iglesia todos somos importantes, no importa la edad: Y Moisés respondió: Iremos con nuestros jóvenes y nuestros ancianos; con nuestros hijos y nuestras hijas; con nuestras ovejas y nuestras vacadas iremos, porque hemos de celebrar una fiesta solemne al SEÑOR. *Éxodo 10:9.*

En estas palabras de Moisés a Faraón, se demuestra que el pueblo de Dios, compuesto por personas de diferentes generaciones, debe celebrar a Dios sin que nadie sea puesto a un lado por asuntos de edad. No debería existir una iglesia que tenga en poco a los jóvenes, ni mucho menos una que desvalorice a sus ancianos.

Debemos amar y respetar la diversidad, como se ha dicho ya: unidad en medio de la diversidad.

Cuando los jóvenes dicen que los ancianos estorban el crecimiento, están mal; cuando los ancianos dicen que la forma en que los jóvenes adoran no es espiritual, que no hay futuro en la iglesia, También están mal. A favor de los ancianos la Biblia dice: *"Delante de las canas te pondrás en pie; honrarás al anciano, y a tu Dios temerás; yo soy el SEÑOR". Levítico 19:32*

Al anciano hay que honrarlo y respetarlo. Además, en el primer libro de Samuel, se nos presenta que, en una ocasión, Dios decide castigar al profeta Elí, impidiendo que existiera ancianos entre sus descendientes: *"He aquí, vienen días cuando cortaré tu fuerza, y la fuerza de la casa de tu padre, y no habrá anciano en tu casa. Y verás la angustia de mi morada, a pesar de todo el bien que hago a Israel; y nunca habrá anciano en tu casa. Sin embargo, a algunos de los tuyos no cortaré de mi altar para que tus ojos se consuman llorando y tu alma sufra; pero todos los nacidos en tu casa morirán en la flor de la juventud." 1 Samuel 2:31-33.*

Como se puede interpretar aquí, en la cultura de esta comunidad hebrea se entendía que el llegar a una avanzada edad era señal de bendición y protección de Dios. Yo pienso igual, por tal motivo, los que somos testigos de tal bendición, debemos dar gloria a Dios y honra a nuestros ancianos. Especialmente si consideramos que algún día nosotros también estaremos en la misma situación, si es que no partimos antes. En cuanto a los ancianos, ellos también deben valorar a los jóvenes. La Palabra dice que ellos son fuertes *(1 Juan 2:14)*, en tal sentido, ellos son el vigor que motoriza la iglesia aquí en la tierra.

Una iglesia sin jóvenes es una iglesia que tendrá una movilidad muy lenta. Se necesita a los jóvenes para darle dinamismo a una congregación, y esto es muy necesario para el crecimiento y el alcance de las almas. El mismo verso antes señalado, puede concluir muy bien esta reflexión, ya que enseña la importancia de ambas generaciones: mientras una tiene conocimiento, la otra posee la fuerza. El conocimiento sin fuerza se estanca, y la fuerza sin conocimiento es como un río sin cause, pura destrucción.

"Os he escrito a vosotros, padres, porque habéis conocido al que es desde el principio. Os he escrito a vosotros, jóvenes, porque sois fuertes, y la palabra de Dios permanece en vosotros, y habéis vencido al maligno." Por tal motivo, que el joven respete al anciano, y que el anciano valore a los jóvenes. Todos somos importantes en la gran familia de Dios.

Que las quejas no te invadan

260. El libro de Números enseña como el pueblo se la pasó murmurando todo el viaje, desde el Sinaí a Cades Barnea. En vez de gozarse que Dios los sacó de Egipto y los está llevando a la tierra prometida, ellos lo que veían era todo lo negativo, y Dios observando. A penas comenzó el viaje, hubo quejas en el campamento, *11:1-3.* Luego se quejaron por estar comiendo siempre lo mismo, *11:4-9.*

Luego Moisés no aguanta más, y comienza a quejarse también. Era demasiado el peso de ese trabajo. Luego vino las quejas de Aarón y María, quienes tuvieron celos del liderazgo de Moisés. Todo lo anterior no era más que síntomas de una gran enfermedad: Rebeldía, contumacia y desacato a la voluntad de Dios. Cuando llegaron a la tierra prometida se reveló todo.

En el informe que rindieron los espías, fue que salió a la luz la falta de fe y espiritualidad de este pueblo. Y en ese mismo episodio el pueblo repite sus quejas, y esa vez si Moisés no intercede Jehová los iba a aniquilar a todos. Las quejas siempre han estado ligadas a una falta de fe, y falta de respeto hacia los planes perfectos de

Dios. Ya estando la iglesia en plena marcha, se nos manda a que las quejas no sean parte de nosotros. *"soportándoos unos a otros y perdonándoos unos a otros, si alguno tiene queja contra otro; como Cristo os perdonó, así también hacedlo vosotros"* (Col. 3:13).

Santiago lo dice de esta manera: *"Hermanos, no os quejéis unos contra otros, para que no seáis juzgados; mirad, el Juez está a las puertas"* (5:9). Y cuando Judas escribe su carta, hablando acerca de los impíos dice lo siguiente:

"Estos son murmuradores, quejumbrosos, que andan tras sus propias pasiones; hablan con arrogancia, adulando a la gente para obtener beneficio" (V. 16). Así que amado hermano, la queja no debe ser parte de nuestro accionar, más bien debemos usar la fe y la paciencia, para poder seguir esperando en Dios.

261. Entre la explicación naturista de Durkheim acerca de la religión, y la visión supra-sobrenatural que tiene el neo-pentecostalismo acerca de la fe, existe la realidad del evangelio. El primero entendió que las cosas son sagradas, en la misma dimensión que la sociedad le confiere esa posición. ¿Cuán sagrado es algo? Eso depende de la fuerza que le confieran los hombres. Los segundos caen dentro del campo de la metafísica, en donde se le confiere poder sobrenatural no solo a ciertos hombres, sino a ciertos objetos ungidos por aquellos.

El equilibrio se encuentra en la realidad que representa el evangelio: el camino de fe, que no nace, ni depende del hombre, sino que es idea de Dios, para salvación del ser humano. Camino en donde existen manifestaciones sobrenaturales, pero sin ser el centro del mismo, sino que el ejemplo de amor relacional dado por Jesús, es la meta a seguir. Tanto Durkheim, como los neo-pentecostales, sobredimensionan al hombre, reduciendo a Dios a un sujeto-objeto manipulable. En el evangelio es todo lo contrario, Dios es el agente que causa y guía a la fe.

Precisamente la Carta a los Romanos cuyo propósito principal es dar una amplia explicación del evangelio, dice lo siguiente: *"Porque todas las cosas vienen de Dios, y existen por él y para él. ¡Gloria para siempre a Dios! Amén"* (**Ro. 11:36,** *Versión DHH).* Te invito a leer el evangelio tal y como está en la Biblia, para evitar tanto el naturalismo de Durkheim, como la supra-sobre-natural fe de los neo- pentecostales, por eso es sumamente importante entender lo que se lee.

Echa fuera la desesperanza

262. Allá en el **Salmo 62,** *"todos los que padecen desgracia, todos los que suspiran bajo la presión de personas hostiles, reciben la encarecida exhortación de derramar ante Dios sus corazones".* No solo los salmistas descubrieron el poder de esta actitud, la de llevar toda angustia delante de Dios, sino que también personas como Lea lo experimentaron. Esta fue una mujer despreciada por su marido Jacob, y todos aquellos golpes emocionales los depositó con lágrimas ante Dios.

Lo primero que se dice abiertamente en este tema, es que Raquel fue más amada que ella *(Gen. 29:30).* Entonces el *verso 31* dice: *"Y vio Jehová que Lea era menospreciada, y le dio hijos."* Así, cada hijo que Lea recibía, le ponía un nombre que a la vez era una oración de esperanza. ¿Cuál esperanza? La de que su esposo la amara. Este es un gran legado de parte de los salmistas, y de personas como Lea, nunca cayeron en la desesperanza, porque siempre se refugiaron en Dios. Tan bendecida fue esta mujer, que de su vientre salió las bendecidas tribus de Judá y Levi *(Gen. 25:23).* De la de Levi nacieron hombres como Aarón y Moisés *(Éxodo 2:1-2; 6:20).* Y de la tribu de Judá, muchas generaciones después también nacieron el rey David, y el Mesías esperado, nuestro Señor Jesucristo *(Mateo 1:1-17).*

Así que estos grandes hombres, todos fueron descendientes de Lea. ¿Cuál fue la clave? Lea escogió a Dios como su refugio, y el que se acerca a Dios nunca quedará en vergüenza. Acepta la invitación de este poderoso **Salmo:**

En Dios solamente está acallada mi alma; De él viene mi salvación. El solamente es mi roca y mi salvación; Es mi refugio, no resbalaré mucho.

¿Hasta cuándo maquinaréis contra un hombre, Tratando todos vosotros de aplastarle como pared desplomada y como cerca derribada? Solamente consultan para arrojarle de su grandeza. Aman la mentira; Con su boca bendicen, pero maldicen en su corazón. Alma mía, en Dios solamente reposa, Porque de él es mi esperanza.

El solamente es mi roca y mi salvación. Es mi refugio, no resbalaré. En Dios está mi salvación y mi gloria; en Dios está mi roca fuerte, y mi refugio. Esperad en él en todo tiempo, oh pueblos; derramad delante de él vuestro corazón; Dios es nuestro refugio. Por cierto, vanidad son los hijos de los hombres, mentira los hijos de varón; pesándolos a todos igualmente en la balanza, serán menos que nada. No confiéis en la violencia, ni en la rapiña; no os envanezcáis; si se aumentan las riquezas, no pongáis el corazón en ellas. Una vez habló Dios; Dos veces he oído esto: que de Dios es el poder, 12 y tuya, oh Señor, es la misericordia; porque tú pagas a cada uno conforme a su obra. **Salmos 62:1-11**

263. A propósito del escándalo desatado en mi país, República Dominicana, por el video:

https://youtube. com/watch?v=WXgpNqWCzTE

El homosexual visto por sí mismo: "Somos personas, y en nuestro corazón tenemos la necesidad de amar. Nos tienen que considerar como personas y no sólo como actos homosexuales o realidad genital» (Testimonio de un homosexual)" (Revista ST. 90, 2002. Pág. 2) El homosexual visto por la sicología: "Tras una serie de protestas de movimientos gays en el mes de mayo de 1973, la Asociación Psiquiátrica Norteamericana (APA) retiró la «homosexualidad en sí» del cuadro de enfermedades, si bien mantuvo la categoría de «perturbación en la orientación sexual», u «homosexualidad distónica». Esta categoría es aplicable cuando el interés heterosexual se encuentra persistentemente ausente o débil y supone una interferencia significativa en la iniciación o mantenimiento de relaciones heterosexuales queridas o deseadas." (Revista ST. 90, 2002. Pág. 2).

El homosexual visto por el cristianismo: Es un pecador que necesita con urgencia cambiar su desvío sexual, ya que su estilo de vida acuerda a historias tales como la de Sodoma y Gomorra. En dichas ciudades, este pecado había tomado tanta fuerza, que se hizo necesario un exterminio de parte de Dios. Las tres veces que ha habido exterminio en la Biblia: **Génesis 6 y 7**, el exterminio de la raza huma; **Génesis 19**, el exterminio de Sodoma y Gomorra; **Jueces 20**, el casi exterminio de la tribu de Benjamín; todos estos estuvieron ligados al pecado de la homosexualidad. Luego, en el Nuevo Testamento, escrituras como **Romanos 1**, hablan abiertamente contra el pecado del homosexualismo. En tal sentido, hay una brecha irreconciliable entre el homosexual (a menos que se arrepienta y cambie de vida), y el cristianismo bíblico.

Finalmente, el único cambio por el que yo abogo es por el hecho de nosotros los cristianos, ya no nos presentemos como gente que estamos en guerra contra ellos: *Porque no tenemos lucha contra sangre y carne, sino contra principados, contra potestades, contra los gobernadores de las tinieblas de este siglo, contra huestes espirituales de maldad en las regiones celestes* (**Efesios 6:12**). Allí donde el Señor nos permita ministrar a una persona gay, o a cualquier otra alma, démosle amor de Dios; de hecho, vamos a crear puentes para llegar a ellos. Detrás de cada persona hay una historia, descubrámosla, y a través de ella ministremos a su vida.

El Apóstol Pablo, el gran misionero, cuando llegó a Atenas y vio aquel altar politeísta, no armó una guerra violenta. Al contrario, se subió en la propia condición desviada de ellos, y desde allí, al descubrir una brecha, les predicó. Dentro de tantos altares, había uno *"AL DIOS NO CONOCIDO"* (**Hechos 17:23**). Pablo vio aquí su oportunidad, y dijo: *"Al que vosotros adoráis, pues, sin conocerle, es a quien yo os anuncio."* ¿Se dan cuenta? Habló en un idioma que ellos podían entender. Esa es la manera por lo que yo abogo que nos aproximemos a los gays, y a cualquier otra persona que necesite a Cristo como su salvador personal. Nuestro trabajo no es enviar fuego del cielo como en Sodoma y Gomorra, ese es el de Dios. Nuestro ministerio actual, es el de la reconciliación (**2 Corintios 5:11-6:2**).

Nota: en cuanto al video arriba señalado, creo que ese no era el lugar apropiado para exhibir su amor homosexual. Esto así, porque esto es un tipo de propaganda gay, lo cual no conviene frente a adolescentes o jóvenes que todavía están en etapa de formación.

Que tu amor sea permanente

264. Jesús tenía muchas razones para no amar. **San juan 13:1** dice: *"Antes de la fiesta de la pascua, sabiendo Jesús que su hora había llegado para que pasase de este mundo al Padre, com había amado a los suyos que estaban en el mundo, los amó hasta el fin."* "Observe la frase final, "hasta el fin". Esto es los significativo, porque en el transcurso de aquellos tre años y medio, pasaron muchas cosas; la mayoría de ellas, no muy buenas. Así que, el amor de Jesús fue fuertemente atacado por estos eventos desagradables.

En ese sentido, Jesús tuvo más motivos para aborrecer, que, para amar. Sin embargo, eligió el camino del amor hasta el final. Veamos: 1. En **San juan 1:11**, se nos dice que fue desechado desde el principio. 2. **San Juan 2:24-25**, nos revela que Jesús vio lo peor del ser humano dentro de sus conciudadanos. Así que, aunque se cuidó de ellos, no paró de amarlos. 3. En **San juan 4:45**, fue desechado por su propia gente, las personas con las que creció le cerraron las puertas de su corazón. 4. Según **San juan 5:18**, en esta ocasión no solo lo rechazan, sino que ya procuraban matarle. 5. En **San Juan 6: 26**, una de las pocas veces que se ponen de acuerdo para buscar de Jesús, el Maestro se da cuenta de que es por asuntos de conveniencia nada más: *"respondió Jesús y les dijo: De cierto, de cierto os digo que me buscáis, no porque habéis visto las señales, sino porque comisteis el pan y os saciasteis"*.

Hasta este punto, usted dirá: ¿Pero a quien Jesús amó hasta el fin fue a los suyos, no a todos? Pero es que aun "los suyos", realizaron acciones que pudieron apagar el amor de cualquiera. Por ejemplo, en **San juan 6: 70** Jesús les respondió: *¿No os he escogido yo a vosotros los doce, y uno de vosotros es diablo?* 71- Hablaba de Judas Iscariote, hijo de Simón; porque éste era el que le iba a entregar, y era uno de los doce. El Maestro sabía quién le habría de entregar, y aun así prosiguió conviviendo con él. Tomás era un incrédulo, Pedro lo iba a negar, y al final todos lo iban a abandonar, y aun así Jesús los amó hasta el final.

Continuando con el relato del evangelio de **Juan**, en el **Capítulo 7: 1** nos dice: *"después de estas cosas, andaba Jesús en Galilea; pues no quería andar en Judea, porque los judíos procuraban matarle.* Luego, en el **Verso 20** lo acusan de tener demonios En

San Juan 8:21, sucede otro altercado: *"otra vez les dijo Jesús: Yo me voy, y me buscaréis, pero en vuestro pecado moriréis; a donde yo voy, vosotros no podéis venir."* ¿Te puedes imaginar estar trabajando años con un pueblo que al final de todo, tú sabes que no van a creer? Luego, en *Verso 59 "Tomaron entonces piedras para arrojárselas; pero Jesús se escondió y salió del templo; y atravesando por en medio de ellos, se fue."*

El rechazo hacia Jesús continua, cuando en **San Juan 9** expulsan a alguien porque testificaba que Jesús lo había sanado. Y en *San Juan 10:31, "entonces los judíos volvieron a tomar piedras para apedrearle."* La situación escala, y en **San juan 11:57** nos dice que *"los principales sacerdotes y los fariseos habían dado orden de que si alguno supiese dónde estaba, lo manifestase, para que le prendiesen"*; hubo una orden de arresto.

Así llegamos a **San Juan 13:1**, verso que cobra mayor sentido, después de haber leído todos esos ataques hacia Jesús. Nosotros debemos seguir este ejemplo de nuestro Señor Jesucristo, debemos amar aun cuando nos den motivos de sobra para aborrecer. El amor no es una emoción, sino una decisión. Solo una persona madura podrá amar por decisión, impidiendo que las emociones le estorben en ese accionar. Seamos maduros como nuestro Salvador, amemos por decisión, sin condición, y sin que las circunstancias externas nos detengan.

265. *Romanos 12* nos llama a transformarnos, de tal manera que podamos experimentar la voluntad de Dios. En esto radica un problema, y esto es la condición humana. Generalmente, la transformación es algo que va a cambiar la situación de cosas tal y como están en el momento. Así que, aquellos que se sienten bien con su situación actual, resistirán el cambio. Por ejemplo, hablando a nivel de la sociedad, aquellos que están en el poder y la opulencia, no querrán una transformación. Esto así, porque aquello implicaría una redistribución, y hasta una sustitución de estatus.

Sin embargo, aquel pobre y desposeído de poder, abrazará la idea de una transformación de su sociedad. En la mente del que vive en la base de la sociedad, la transformación representa una posibilidad de salir de su miseria. ¿Se dan cuenta? Para estar abiertos al cambio, necesitamos aborrecer nuestra situación actual. Mientras pensemos que estamos bien, y que el cambio es una amenaza, no podremos entrar en transformación. Antes de llegar al **capítulo 12 de Romanos**, en los **capítulos 6 al 8**, el apóstol Pablo nos habla de los tres tipos de hombres: el animal, el carnal y el espiritual. Cuando entra en el **capítulo 7**, a hablar del hombre carnal, se pone así mismo como ejemplo. Al describir su estado de vida como hombre carnal, exclama en el **Verso 24** *"¡Miserable hombre de mí!,*

"¿Quién me librará de este cuerpo de muerte?"

Es en este momento que comienza la transformación, el momento en que la persona aborrece su condición actual. Al observar que su situación está dirigida irremediablemente hacia la destrucción, se abraza la idea de hacer un cambio de dirección. El hermano Pablo, ve a Jesucristo como la única respuesta a su miserable condición. La Carta del apóstol a los Romanos, es una explicación del evangelio. En ese sentido, el evangelio nos enseña que el único medio de salvación es Cristo.

De hecho, el evangelio de Lucas presenta al Señor como el agente de transformación total de este mundo. Unos versos clave en este evangelio son los siguientes: **"Quitó de los tronos a los poderosos, y exaltó a los humildes. A los hambrientos colmó de bienes, y a los ricos envió vacíos."** (Lucas 1:52-53). Acá se presenta, no solo que Dios transforma al hombre a nivel individual, sino que cambia la sociedad también. Y es que, en Lucas veremos a gente humilde tomando acciones protagónicas, como la viuda Ana, el anciano Simeón, unos pobres pastores, entre otros. Y, por otro lado, se nos presenta a los poderosos según el mundo, como Herodes y los sacerdotes, quedando muy mal parados.

El llamado de transformación de **Romanos 12** debe ser aceptado por todos, cada hombre y mujer necesita transformar su mente para poder experimentar la voluntad de Dios. No importa si te encuentras en una posición holgada, o precaria, acá el propósito es que, a través de una mente renovada, nos conectemos con los planes de Dios para nuestras vidas. En ese sentido, no importa las circunstancias externas, nuestras almas necesitan esta transformación para poder ser salvas.

¡Mujer! (…) Eres más que una simple ayuda

266. A propósito de esta reflexión número 266, quiero desear un ¡Feliz Día Internacional de la Mujer! Ser a quien Dios está despertando para hacer a través de ella grandes cosas (…) Sigo insistiendo en la importancia de entender lo que se lee, pues tristemente una mala interpretación bíblica, y un mal uso del poder del hombre sobre la mujer, han hecho que ésta sea subordinada y abusada ancestralmente. La expresión: "ayuda idónea" **(Génesis 2:18)**, ha sido interpretada como que la mujer es una simple: "ayudante" del "jefe", el cual es el hombre.

La verdad es que, "en la Biblia hebrea, el término ezer aparece en veintiuna ocasiones. En cuatro de ellas refiere a ayuda militar, y en diecisiete Dios es …el ezer. En ninguna parte en la Biblia este término ezer se usa para indicar algo más débil o inferior." Observe cómo funciona el término ezer en las Escrituras: **1 Samuel 7:12** *"Entonces Samuel tomó una piedra y la colocó entre Mizpa y Sen, y la llamó Eben- ezer, diciendo: Hasta aquí nos ha ayudado el SEÑOR."* Dios como ezer (ayuda), jamás se ve como inferior, sino como el que auxilia, rescata, y salva, en momentos difíciles (Ezer es el mismo término que aparece en **Génesis 2:18).**

Por tal motivo, la próxima vez que pienses en la expresión "ayuda idónea" y en la mujer, mejor piénsalo dos veces antes de creer que eso la hace menos. Todo lo contrario, la esposa es la que rescata al hombre, la que pone su hombro donde él pueda desahogarse, y la que pone el equilibrio en el desenfreno de sus esposos.

El hombre no debe usar la Biblia para menospreciar a la mujer, ni mucho menos usar su superioridad de fuerza física para violentarla. El hombre debe unirse a la visión de Dios: la de una pareja que trabaje en equipo. La mujer no es una ayuda cualquiera, es la que complementa de forma igualitaria a la sociedad. Ella no debe verse como la débil, ya que simplemente fue creada con la condición física exacta para el desempeño de su rol. En este ocho de marzo y siempre, respetemos a la mujer, permitamos que ellas tomen el lugar que Dios les diseñó: al lado del hombre para fructificar y multiplicarse.

267. Es interesante la manera en que los árboles funciona: para vivir toman elementos de arriba (del sol), de los lados (de los demás arboles), y de abajo (de la tierra). Esto se parece a la espiritualidad cruciforme, la cruz tiene un madero que apunta hacia abajo y hacia arriba, un madero que señala hacia los lados. Las Escrituras enseñan una espiritualidad no solo vertical, sino también horizontal. El hombre y la mujer de Dios necesitan estar conectados con la tierra en donde viven, así como con las personas que los rodean. Jesús fue un ser que demostró no solo amor por Dios, sino también por su patria, y por la gente que lo rodeaba. Tener una buena relación con Dios, con su tierra y con su prójimo, es la verdadera espiritualidad.

En ese sentido, la Escritura dice: ***"Así que yo, hermanos, no pude hablaros como a espirituales, sino como a carnales, como a niños*** *en Cristo. Os di a beber leche, no alimento sólido, porque todavía no podíais recibirlo. En verdad, ni aun ahora podéis, 3 porque todavía sois carnales. Pues habiendo celos y contiendas entre vosotros, ¿no sois carnales y andáis como hombres?"* **1 Corintios 3:1- 3.**

Observe como la espiritualidad en esta comunidad, está empañada por una mala relación entre ellos. Esta era una comunidad que amaba a Dios y se reunía en nombre de Dios, sin embargo, esto no lo hacía espirituales. Les faltaba una parte del madero, el horizontal. Es necesario redescubrir la espiritualidad que ensenan la Biblia, ya que, con el paso del tiempo, esta ha sido reducida a la parte que solo señala hacia Dios. Ha ido desapareciendo la conexión con la tierra, y con los semejantes. El jardín del Edén presenta el cuadro de cómo Dios desea que el ser humano funcione: Adán fue creado para tener comunión con Dios, fue formado de la tierra y para trabajar la tierra, y finalmente para vivir en comunidad, al ser hecho varón y hembra. Hagamos nuestro mejor esfuerzo en cumplir el deseo de Dios: que el hombre tenga comunión con él, con la creación y con su prójimo.

268. Cristo es el único que cumple la triple función de Rey, Sacerdote y Juez. Precisamente en cuanto a este último título, se presenta lo siguiente: **Lucas** nos dice en **Hechos 10:42**, que *"...Dios ha puesto [a Jesús] por juez de vivos y muertos."* Sin embargo, el mismo Lucas nos dice en su evangelio, que Jesús se niega a realizar la función de Juez cuando alguien le trajo un caso en el **capítulo 12:14 (…)** *"¿Quién me ha puesto por juez o árbitro sobre vosotros?"*

¿Existe una contradicción en Lucas como narrador? De ninguna manera. Algunos comentaristas se inclinan por pensar que el título de juez sobre vivos y muertos, se le otorga después de su pasión, muerte y resurrección. Sin embargo, yo estoy de acuerdo con los que piensan que en **Lucas 12:14**, Jesús se niega a decidir sobre asuntos terrenales, y más aún, el Maestro se resiste a seguir el juego de gente con avaricia.

Esto es muy diferente a **Hechos 10:42**, donde ese título de juez se refiere a juzgar cosas eternas, como lo es la salvación o la perdición de las almas. Ahora bien ¿De qué manera será Jesús juez de vivos y muertos? La Palabra es muy clara en ello, en el evangelio de Juan expresa lo siguiente: Jesús clamó y dijo: *"El que cree en mí, no cree en mí, sino en el que me envió; y el que me ve, ve al que me envió. Yo, la luz, he venido al mundo, para que todo aquel que cree en mí no permanezca en tinieblas. Al que oye mis palabras, y no las guarda, yo no le juzgo; porque no he venido a juzgar al mundo, sino a salvar al mundo. El que me rechaza, y no recibe mis palabras, tiene quien le juzgue; la palabra que he hablado, ella le juzgará en el día postrero"*. **Juan 12:44-48.**

Así que, no es tanto que Jesús se va a sentar a decidir en su voluntad dónde irá cada alma, sino que la aceptación o el rechazo de las palabras de Jesús, serán la medida que hará la diferencia entre la salvación o la perdición. ¿De qué lado estás, de los que aceptan o de los que rechazan las palabras de Jesús? Espero que del lado de aquellos que la hemos aceptado, quienes estamos cada día indagando y escudriñando estas Escrituras, pidiendo a Dios la revelación de ellas en nuestras vidas.

¡Sí que hemos sido advertidos del peligro!

269.   Como Carretera Para Mariposas: En primavera, carreteras como la 86, aquella que conecta a Desert Hot Springs CA, con la ciudad de El Centro, proliferan las mariposas. Al realizar un viaje por esa carretera, en esta época del año, verás cómo se llena el frente del auto con manchas dejadas por las mariposas al chocar con el vehículo. Estas no saben que, al volar sobre la avenida, es cuestión de tiempo para que sean arrolladas. El lugar más seguro para ellas es que se mantengan alejadas del freeway, donde están las hiervas y las flores. Pero una vez más, simplemente ellas no saben del peligro, no tienen la capacidad para discernir entre una zona de peligro y una de seguridad.

La relación de las mariposas con la carretera se parece a la del hombre con el pecado. La diferencia es que el hombre no es inocente, él sabe que el pecado destruye, pero simplemente continúa volando alrededor de la peligrosa avenida, atrapado en sus acciones pecaminosas. La mentira, las drogas, el adulterio y toda clase de pecado destruyen al hombre. **Romanos 6:23** *lo dice así: "Porque la paga del pecado es muerte, más la dádiva de Dios es vida eterna en Cristo Jesús Señor nuestro."* Jesús representa el buen pasto y las flores, el lugar seguro en donde puede reposar el ser del hombre. Las mariposas no saben de peligro, pero nosotros sí, hace mucho que estamos advertidos. Lo mejor para los seres humanos, es buscar de Cristo, y aceptar la vida eterna que él nos ofrece.

270. Los cuatro evangelios son Cristo-céntricos, sin embargo, al dar un vistazo de cerca a cada uno de ellos, nos damos cuenta que los sinópticos tratan los hechos de Jesús y su persona, mientras que el evangelio de Juan trata sobre la persona de Jesús y sus hechos. En otras palabras, se invierten los propósitos entre el cuarto evangelio y los sinópticos. De hecho, una de las características del evangelio de Juan, es sus siete "yo soy", con lo cual intenta revelar la esencia del Maestro: **1.** *"Jesús les dijo: Yo soy el pan de vida; el que a mí viene, nunca tendrá hambre; y el que en mí cree, no tendrá sed jamás* **(Juan 6:35). 2.** *Otra vez Jesús les habló, diciendo: Yo soy la luz del mundo; el que me sigue, no andará en tinieblas, sino que tendrá la luz de la vida* **(Juan 8:12). 3.** *Yo soy la puerta; el que por mí entrare, será salvo; y entrará, y saldrá, y hallará pastos"* **(Juan 10:9). 4.** *Yo soy el buen pastor; el buen* *pastor su vida da por las ovejas (Juan 10:11). 5. Le dijo Jesús: Yo soy la resurrección y la vida; el que cree en mí, aunque esté muerto, vivirá. Y todo aquel que vive y cree en mí, no morirá eternamente" (Juan 11:25- 26). 6. Jesús le dijo: Yo soy el camino, y la verdad, y la vida; nadie viene al Padre, sino por mí" (Juan 14:6). 7. Yo soy la vid, vosotros los pámpanos; el que permanece en mí, y yo en él, éste lleva mucho fruto; porque separados de mí nada podéis hacer (Juan 15:5)."*

Debemos leer siempre los evangelios, porque ellos nos revelan un cuadro sobre el Salvador, desde cuatro puntos de vista. Leer los cuatro evangelios, es como ver hacia Jesús desde los cuatro puntos cardinales: norte, sur, este y oeste; se posee una panorámica privilegiada. Lee tu Biblia, y lee los evangelios los más a menudo que puedas, pidiendo a Dios el Padre que te de entendimiento cada vez que los leas.

Vigilemos y seamos prudentes

271. La parábola de las Diez Vírgenes, más que escatológica, tiene que ver con la salvación aquí y ahora. La Escritura dice así: *"Entonces el reino de los cielos será semejante a diez vírgenes que tomando sus lámparas, salieron a recibir al esposo. Cinco de ellas eran prudentes y cinco insensatas. Las insensatas, tomando sus lámparas, no tomaron consigo aceite; más las prudentes tomaron aceite en sus vasijas, juntamente con sus lámparas. Y tardándose el esposo, cabecearon todas y se durmieron. Y a la medianoche se oyó un clamor: ¡Aquí viene el esposo!; ¡salid a recibirle! Entonces todas aquellas vírgenes se levantaron, y arreglaron sus lámparas. Y las insensatas dijeron a las prudentes: Dadnos de vuestro aceite; porque nuestras lámparas se apagan. Mas las prudentes respondieron diciendo: Para que no nos falte a nosotras y a vosotras, id más bien a los que venden, y comprad para vosotras mismas. Pero mientras ellas iban a* *comprar, vino el esposo; y las que estaban preparadas entraron con él a las bodas; y se cerró la puerta. Después vinieron también las otras vírgenes, diciendo: ¡Señor, señor, ábrenos! Mas él, respondiendo, dijo: De cierto os digo, que no os conozco. Velad, pues, porque no sabéis el día ni la hora en que el Hijo del Hombre ha de venir."* **Mateo 25:1-13.**

Aquí encontramos **1ro.** Según el verso uno, todos los que reciben la salvación, se aprestan para algún día recibir al esposo, quien es Cristo. Todas, sin excepción tomaron sus lámparas para recibir al esposo. Todo el que viene al camino, comienza con la expectativa de concentrarse en la comunión y la espiritualidad. Sin embargo, y esto nos lleva a lo **2do.**, el carácter hará la diferencia a la hora de persistir en cuidar la salvación: las vírgenes se dividían entre las que eran prudentes y las que no. El esposo se tardó, y la manera de proceder, que siempre depende del carácter del individuo, hizo la diferencia entre ellas. Cinco de ellas pensaron en el mañana, y no solo en el presente, así que almacenaron aceite suficiente (a eso se le llama prudencia).

La prudencia nos hace pensar en las consecuencias de nuestros actos, en tal sentido eso es precaver el mañana. Justamente, el día de la boda se tardó en llegar, lo cual habla de tiempo. Esto nos indica que, [**3ro.**] El camino de la salvación es largo. Hombres como Noé y Abraham, entre otros, experimentaron esta realidad. A Noé le pasaron 120 años antes de que cayera la primera gota de agua desde el cielo, y Abraham era de 75 años cuando comenzó a peregrinar, y murió de 175 años de edad. Creo que nadie que lea esta reflexión tenga más de cien años en el camino, así que ánimo hermano (a), sigue adelante.

Lo cuarto que noto en esta parábola, es la realidad de que la salvación es individual. Aunque la iglesia es comunitaria, la salvación es individual. Las vírgenes prudentes, no   pudieron traspasar la salvación a las fatuas. Esta realidad, es presentada en la Biblia aun desde al Antiguo Testamento. Llama la atención que, aun en el tema del Pacto, que se supone que debía recibirse automáticamente, cada receptor tuvo una experiencia personal con el Señor. Por supuesto que el primero, Abraham, tuvo su encuentro personal con Dios. Luego Isaac, vio la salvación de Dios, al aparecer de la nada aquel carnero. Inclusive Jacob, el engañador, fue transformado por el encuentro con el ángel de Jehová.

¿Se dan cuenta? La promesa del pacto no pasó automáticamente, cada uno tuvo una experiencia individual de salvación. De hecho, hay una afirmación clara de la individualidad de la salvación, al final del Antiguo Testamento: *"El alma que pecare esa morirá"* **Ezequiel 18:4b.** Los padres no podemos salvar a nuestros hijos, los líderes no podemos salvar a nuestros liderados, solo animar y orar los unos por los otros; pero cada quien tiene que tener su propia experiencia de salvación. Al final de esta parábola, y es lo **#5**, se nos revela el propósito de la misma: "cuidar la salvación". Lo dice de esta manera, **Verso 13:** *"Velad, pues, porque no sabéis el día ni la hora en que el Hijo del Hombre ha de venir"*. Esto nos confirma la afirmación del inicio de esta reflexión, el velar tiene que ser aquí y ahora, no en el final de los tiempos. El día de salvación es hoy, no lo dejes para mañana.

Frente a un mundo que le cuesta creer

272. Cuando le damos un vistazo al mundo, nos damos cuenta que hace mucho que perdió su inocencia. Las guerras con armas modernas de destrucción masiva, los cientos de sacerdotes abusadores de menores, el abuso del capitalismo brutal, entre muchos otros males, fueron la causa para que el mundo perdiera su mentalidad de niño. Hoy el mundo ya es un hombre adulto, y ya no cree en cuentos de hadas.

¿Cómo llevar el mensaje del evangelio a un mundo así? Simplemente debemos imitar al padre que reconoce que su hijo ya no es un niño, y ahora le escucha y solo trata de guiarlo sin darles órdenes, ni engañándolo como en años pasados.

El cristianismo debe ir al mundo en actitud de diálogo, no de imposiciones, el mundo está cansado de eso. ¿Acaso este sistema de conectar con la gente es nuevo? Claro que no, es el mismo que usó el fundador de la Iglesia, Cristo, y al que algunos llaman el desarrollador del cristianismo, el apóstol Pablo. Vemos a Cristo acercarse por poner un ejemplo, a la mujer samaritana en **San Juan 4**, y establecer un diálogo con ella. Así mismo, a muchos que sanó, primero les preguntaba si deseaban ser sanos. Sé lo que se dice acerca de estos últimos episodios, de que Jesús buscaba en ellos fe. ¿Pero no podría ser también, que el Maestro en un respeto por la persona de ellos, los dejaba confesar el deseo de su corazón? Yo creo, que Jesús dignificó de muchas maneras a las vidas que tocó, y esta era una de las maneras de él hacerlo.

Dejar que el otro se exprese, es una manera de decirle, yo te respeto y reconozco que eres un ser humano de valor. Igualmente, vemos al apóstol Pablo, que cuando entra en Atenas, se le desgarra el alma viendo a esa ciudad consumida en idolatría. Es una gran lección para nosotros, cómo Pablo les da el mensaje: lo hace desde la misma tradición de ellos. No los ridiculiza, ni trata de engañarlos como a un niño, sino que encuentra a Dios allí en medio de tantos ídolos. Pablo observó que en aquel panteón había un lugar para EL DIOS NO CONOCIDO. ¿Qué hacía el apóstol mirando un panteón pagano? Sencillo, Pablo se tomó el tiempo de tratar de entender la fe de esta gente y de oír la teología de ellos. Eso significa respeto, reconocer que, aunque están en pecados, son gentes dignas de ser oídas como cualquier otro adulto.

Reitero en decir que el mundo ya no es un niño al que podemos manipular con historietas, con shows de magia y con gritos amedrentadores. Las sociedades ya maduraron, y debemos ir a ellas al estilo de Cristo y Pablo, con respeto y dignidad, llevándoles un evangelio que se abre puertas en medio de lo que sea que ellos estén viviendo. En **1ra de Tesalonicense 1:5**, Pablo dice lo siguiente: *"pues nuestro evangelio no llegó a vosotros en palabras solamente, sino también en poder, en el Espíritu Santo y en plena certidumbre, como bien sabéis cuáles fuimos entre vosotros por amor de vosotros."* Según esta Escritura, el evangelio se expresa (en palabras), se demuestra (en manifestaciones de poder), y se modela (en estilo de vida amorosa). Esta última parte es la que se ignora muchas veces, debemos modelar el evangelio, imitar a Cristo. ¿Qué mejor muestra de amor, que sentarse a escuchar las necesidades de los demás? Ya no tratemos al mundo como a un niño, sino como lo que ya es, un ser adulto lleno de necesidades.

273. "El Hijo de Dios sufrió hasta morir, no para que los hombres no sufrieran, sino para que sus sufrimientos pudieran ser como los Suyos" (GEORGE MACDONALD). Esto corrige otra mentira del neo-pentecostalismo, aquella que dice que Cristo sufrió para que ya nosotros no tengamos que hacerlo. Esta falacia, equivale a decir que Cristo cargó su cruz, para que nosotros no tengamos que cargar la nuestra. La verdad es que Cristo modeló todas estas cosas, para que nosotros tengamos una referencia perfecta de cómo vencer en medio de tantas pruebas que se presentan a diario.

La Biblia lo dice de esta manera: *"puestos los ojos en Jesús, el autor y consumador de la fe, el cual por el gozo puesto delante de él sufrió la cruz, menospreciando el oprobio, y se sentó a la diestra del trono de Dios. Considerad a aquel que sufrió tal contradicción de pecadores contra sí mismo, para que vuestro ánimo no se canse hasta desmayar. Porque aún no habéis resistido hasta la sangre, combatiendo contra el pecado"* **(Hebreos 12:2-4).** Claramente la Palabra nos revela que Cristo sufrió, no para que no sufriéramos, sino para enseñarnos a resistir en medio nuestros propios padecimientos.

274. Paternidad Divina. En **efesios 3:15**, encontramos la frase: *"de quien toma nombre toda familia de la tierra."* Esta expresión es atribuida al Padre celestial, el cual desea tener comunión con todos los seres humanos. Acá se nos dice que, de Dios, recibe paternidad toda clase de linaje; es decir, no hay acepción de personas. Pablo está corrigiendo un error de mentalidad hebrea, según la cual Dios tenía dos familias: en el cielo, los ángeles; y en la tierra, los judíos. El apóstol comienza los primeros versos de este **capítulo 3** de efesios, hablando acerca del misterio del evangelio. ¿Cuál era ese misterio? Que los gentiles también son parte de la familia de Dios. Después de los **versos 14 y 15**, donde cita nuestra frase en cuestión, el escritor sagrado ruega a Dios para que sus lectores comprendan lo grande que es el amor de Dios.

Este amor Divino, no puede ser encapsulado, tiene que ser derramado en todo el mundo. Para lograr alcanzar esta paternidad, solo hay un requisito: venir a Cristo. Sin Cristo no hay paternidad Divina, y la Biblia lo presenta muchas veces, he aquí una muestra: **San Juan 14:6** *"Jesús le dijo: Yo soy el camino, y la verdad, y la vida; nadie viene al Padre, sino por mí."* Cristo es el clímax de la revelación del Padre, que comenzó más claramente en **Génesis 12**, con el llamado de Abram. Toda clase de linaje puede recibir la paternidad Divina, siempre y cuando al igual que una Rahab la Ramera y Ruth la Moabita, se arrepientan de su vida pasada, y vengan al conocimiento del verdadero Dios; conocimiento que en estos últimos tiempos solo es a través del Su Hijo Jesucristo.

La responsabilidad de la libertad

275. A propósito del Día Mundial de la Libertad de Prensa. La libertad trae cierto poder de felicidad en sí misma, de modo que, el que la experimenta en cualquier ámbito, la disfruta como algo positivo en su vida (…) ¡Qué bueno es poder usar la palabra escrita o hablada, para expresar opiniones libremente, sin temor a ser castigado por ello! Si pudiéramos darle un vistazo general al mensaje bíblico, veríamos que la libertad ocupa un lugar céntrico: en el A.T. La liberación del pueblo de la esclavitud de Egipto (**Dt. 26:5-9**), es la referencia para el poder redentor de Jehová; e igualmente, en el N. T. Cristo murió para libertarnos de la esclavitud del pecado (**S. Juan 8:36**).

Ahora bien, la libertad lleva en sí misma una responsabilidad. A la hora de no tener un amo diciéndote qué puedes o qué no puedes decir o hacer, ya eres responsable por tus actos, y ya no puedes culpar a otros por ellos. Como alguien expresó: "la libertad es la unión de autonomía y responsabilidad". Una vez libres, somos autónomos y responsables, y lo que hagamos y digamos tendrá sus consecuencias, ya que somos personas que vivimos en comunidad. Es por ello que los que tienen posición en las cuales sus voces son más escuchadas que los demás, deben tener cuidado del uso de la libertad de expresión.

En ese sentido, para que se mantenga el equilibrio en nuestras sociedades, los que tenemos libertad para hablar debemos hacerlo debemos hacerlo con responsabilidad, y los que están en el poder deben ser respetuosos de dicha libertad.

Son muchas las sociedades, seculares y religiosas, en donde la libertad de expresión no existe. Es allí, en donde los que dirigen caen en excesos, al cerrar la boca de aquellos que pudieran ser de equilibrio en el uso de los recursos. Por eso, lo primero que hace un dictador, es acallar las voces de los pensantes: o los compran, o los eliminan. La única vez que vemos a Jesús cerrando la boca de uno de sus discípulos, fue cuando discernió que quien hablaba no era Pedro, sino el diablo. Fuera de ahí, vemos al Maestro empujando a sus discípulos a hablar, a tomar iniciativa, empoderándolos a cada paso.

Esto así, porque la comunidad que él estaba fundando, era una de autonomía y responsabilidad, aunque tendría que ser, por el otro lado, una iglesia dependiente de Dios e interdependientes los unos de los otros. En dicha interdependencia, nadie debería adjudicarse el poder de decidir qué debe o qué no debe decir o hacer algún otro miembro de la comunidad. Si alguien dice algo irregular, debe convencérsele con la verdad, de que él o ella están en un error. De hecho, **Mateo 18:15 al 20**, dice claramente qué hacer con alguien que rompe con el buen desenvolvimiento de la iglesia de Dios. La libertad de expresión es buena, y debe ser conservada, a la vez de que se debe usar con responsabilidad.

Principios de moralidad

276. "Los principios de la moralidad convergen en un mismo fin: descubrir la estrecha relación entre el interés personal y el deber social." ¿Por qué razón tendrían que estar en contraposición estas dos realidades? Es sencillo, el corazón del hombre tiende a inclinarse hacia el mal, hacia lo que no edifica **(Gen. 8:21)**. Si así no fuera, el interés de la persona fuera igual al deber social, pues las exigencias sociales siempre están plasmadas buscando el bien y la salud de sus ciudadanos. En cambio, el interés humano siempre se inclina hacia el individualismo egoísta, con lo cual se convierte en un mal ciudadano.

Los girasoles, al dejar de crecer, ya son incapaces de seguir al sol. Lo mismo pasa con el creyente, al estancarse en su crecimiento, se inhabilita para seguir a Cristo. Esta etapa de la vida de los girasoles ilustra muy bien este mal en algunos seguidores de Cristo. Estos creyentes, simplemente sienten que ya no hay más que aprender, ya no hay más hacia donde crecer, se estancan, y la muerte espiritual total es cuestión de tiempo. Me gusta como Pedro plantea el tema del crecimiento: *"Así que vosotros, oh amados, sabiéndolo de antemano, guardaos, no sea que, arrastrados por el error de los inicuos, caigáis de vuestra firmeza. 18 Antes bien, creced en la gracia y el conocimiento de nuestro Señor y Salvador Jesucristo. A él sea gloria ahora y hasta el día de la eternidad. Amén."* **2 Pedro 3:17-18.**

Como leyeron, el crecimiento del creyente está plateado en contraposición a la caída o el descarriamiento. Acá, el antídoto que da Pedro para librarnos de caer en el camino de la iniquidad es el crecimiento constante, aquel que tiene como meta a Cristo. Así como el girasol joven, por naturaleza persigue la luz del sol, igualmente el creyente debe moverse hacia ese conocimiento de lo Divino. Así que, mientras estemos en esta tierra estamos llamados a crecer, a tener principios de moralidad y ética. Pedro sabía muy bien, que el día que paramos de crecer, ese mismo día empezamos a morir.

Mujeres que fueron pioneras en abrazar la fe mesiánica

277. El desarrollo de la revelación de que Jesús era el Mesías es algo interesante: la primera en recibirla fue María, y con razón, ya que ella iba a ser la persona, después del propio Jesús, en pagar el más alto precio por aquel ministerio. Luego, José fue el siguiente en el orden. Tenía sentido, ya que este hombre iba a realizar un gran sacrificio también: José no era un ángel, era un hombre de carne y hueso, y, aun así, tuvo que esperar casi un año para "conocer" a María su mujer. Después, la siguiente persona en recibir la revelación de que Jesús era el Mesías, lo fue Elizabeth, prima de María. Es la primera persona, fuera de la sagrada familia en conocer la verdad. De hecho, es la primera persona en confesar con sus labios, que Jesús es el Señor **(Lucas 1:43).**

Luego, al salir totalmente del círculo familiar, encontramos que, por acciones Divinas, tanto los sabios del oriente, como los pastores de ovejas, son seleccionados para saber la verdad. Los sabios del oriente eran gentiles, y los pastores de ovejas estaban en la base de la sociedad de aquel siglo y lugar. Así mismo, los siguientes en conocer a Jesús como el Mesías, estaban todavía más abajo: ahora quienes reciben la revelación son dos personas totalmente marginadas: un anciano listo para morir, y una viuda anciana también, dos personas prescindibles en aquella sociedad. Como pueden ver, los privilegiados en conocer la gran verdad sobre Jesús eran personas marginadas socialmente.

De ese momento en adelante, ya vemos a un Jesús adulto realizando su ministerio, y durante ese proceso comienza acciones a través de la cuales unos creerán en él como el Mesías y otros, la gran mayoría, lo rechazarán.

¡Guárdate de caer en rebelión!

278. Según el relato bíblico en el libro segundo de Samuel, el pueblo de Israel traicionó dos veces a David. La primera vez que eso sucedió, fue cuando la rebelión de Absalón (la segunda, fue cuando la rebelión de Seba). Es algo terrible de ver, que cuando David tuvo que huir fruto de aquella primera sublevación, la mayoría de los que escaparon con él eran extranjeros: cereteos, peleteos, y los geteos. La gran mayoría del pueblo de Dios actuó con una mente muy corta y una voluntad muy maleable. Por una parte, se olvidaron de la prosperidad que habían estado teniendo, gracias al favor de Dios hacia el rey David. Y, por otro lado, después de bonitas palabras y falsas promesas de parte de Absalón, cambiaron su lealtad hacia una persona que Dios no había elegido para ser rey.

Pero, ¿qué podemos decir a esto? Aquí vemos un accionar típico de las masas. Esto se define como un "fenómeno sociológico cuya unidad viene dada por el hecho de que unas pluralidades de personas se encuentran en interacción tal, que pueden reaccionar o reaccionan de una forma más o menos homogénea y simultánea, ante un estímulo común o según un interés compartido, sin llegar a organizarse (Munné, 1987: 184)." Así que, bajo las influencias de Absalón, la gente actuó como masa y no como el pueblo escogido de Dios.

Tales comportamientos, se ven muy a menudo hoy en día en muchas iglesias locales. La gente ha visto a Dios obrar a través de su líder o pastor. Sin embargo, de repente se levanta alguien, con o sin razón, y usando una lengua hábil y venenosa arrastran a la gente hacia movimientos mal sanos de rebelión y división. Yo mismo, en mis primeros años de cristiano, me vi envuelto en un comportamiento típico de masa. Pero Dios me hizo abrir los ojos a tiempo, para darme cuenta que ese no era el camino para dirimir los desacuerdos, descontentos, o debilidades de la administración en turno.

La iglesia es sal y luz en esta tierra, pero si manejamos nuestros problemas como lo hacen los impíos ¿A quién iluminaremos así? A nadie. La iglesia del Señor tiene su orden y estructura dada por Dios en la Palabra, por eso Dios nos dice los siguiente: "

» Si tu hermano hace algo malo, ve y habla a solas con él. Explícale cuál fue el mal que hizo. Si te hace caso, has recuperado a tu hermano. Pero si no te hace caso, ve otra vez a hablar con él, acompañado de una o dos personas más, para que ellos sean testigos de todo lo que se diga. Si él no les hace caso, díselo a la iglesia. Y si no hace caso a la iglesia, entonces debes tratarlo como a uno que no cree en Dios o como a un cobrador de impuestos.» Les digo la verdad: si ustedes juzgan a alguien

aquí en la tierra, Dios ya lo habrá juzgado en el cielo. A quien perdonen aquí en la tierra, Dios también lo habrá perdonado en el cielo.» En otras palabras, si dos de ustedes en la tierra se ponen de acuerdo en pedir algo, pueden orar por eso. Mi Padre que está en el cielo se lo dará, porque donde se reúnen dos o tres en mi nombre, yo estoy allí en medio de ellos." **(Mateo 18:15-20 Versión PDT).**

Lo triste del caso, es que estos consejos bíblicos son ignorados por personas que al igual que Absalón, no están pensando en Dios, sino en sus propios intereses, por eso muchos fácilmente son atrapados por la rebelión, ya que se van según ellos, detrás de quien consideran ser el mejor postor.

279. Si quisiéramos ver la radiografía de un verdadero arrepentimiento, deberíamos de analizar el **Salmo 51.**

• Confesar: los **versos 1 y 2**, contienen la confesión sin reservas de lo que el salmista siente que había hecho. El usa las palabras: rebeliones, maldad, y pecado. El reconoce que había cometido atrocidades, que encerraban todas estas acciones impías. Reconocía que lo que había hecho contra Urías (adulterar con su esposa Betsabé, tratar de engañarlo, y luego asesinarlo), había sido rebelión, maldad y pecado. Para que el arrepentimiento sea genuino, el pecador tiene que reconocer lo serio de su pecado.

• Lamentar: Los **versos 3 al 5**, son un lamento amargo por causa de la maldad cometida. El reconocimiento de su propio pecado, lo lleva a sentirse pecador desde el momento que su madre lo concibió. Al llorar por el pecado, no ve nada bueno en él. Para que el arrepentimiento sea genuino, el pecador tiene que sentir un profundo dolor por las maldades cometidas contra Dios.

• Restaurar: En los **versos 6 al 12**, pide ser restaurado; es decir, pide ser limpiado, lavado, que se escuche la alegría nuevamente de parte de Dios, que se le dé un nuevo corazón y nuevo espíritu, que el Espíritu Santo no se vaya de su vida, entre otras cosas. El salmista quería su vida espiritual de regreso, no quería seguir sintiendo el vacío y la desesperanza que deja el pecado. Para que el arrepentimiento sea genuino, el pecador debe anhelar con todas sus fuerzas una vida plenamente espiritual, alejada del pecado: restaurar la imagen de Dios en él.

• Reafirmar. En los **versos 15-19**, el salmista reafirma la fe que había perdido. El reconoce que vivir humillado y quebrantado delante de Dios, es mejor que tener un corazón duro, el cual lleva a perder la fe y a un subsecuente desprecio por parte del Señor. Ahora que está regresando al camino correcto, desea predicar a voz en cuello la alabanza que es de Dios. Desea expresarles a las personas, que tener una buena relación con Dios no es asunto de ritos y sacrificios, sino que se trata de tener un corazón quebrantado delante de El: Este el camino para reafirmar la fe que lleva a la paz con Dios.

La reflexión que cambiará del todo tu vida

280. Hemos llegado a nuestra última reflexión, pidiendo a Dios que cada una de las ya leídas te hayan hecho entrar en razón, te hayan hecho volver en sí (…) Después de volver en sí, los hombres descubren que su destino no estaba demasiado lejos después de todo, ya que: *Mas ¿qué dice? Cerca de ti está la palabra, en tu boca y en tu corazón. Esta es la palabra de fe que predicamos: que si confesares con tu boca que Jesús es el Señor, y creyeres en tu corazón que Dios le levantó de los muertos, serás salvo. Porque con el corazón se cree para justicia, pero con la boca se confiesa para salvación.* **Romanos 10:8-10.** Este es el punto final de reflexión al que te hemos querido llevar.

La fe puesta en el Dios verdadero

El **salmo 121:1-2**, es parte de los famosos salmos graduales **(Salmos 120-134).** Se llamaban así, porque los judíos que vivían fuera de Jerusalén, los cantaban cuando iban camino a Jerusalén a celebrar alguna fiesta sagrada.

Todo varón judío sentía la obligación de ir a Jerusalén para celebrar las fiestas sagradas cada año. Ellos tenían que hacer todos los viajes que fueran posibles. La pregunta es: ¿Qué los impulsaba a hacerlo? No era el olor de los animales durante el sacrificio. Tampoco podía ser el gozo de un largo viaje a pie en el polvo, bajo el inmenso calor del sol, durmiendo en el campo, comiendo limitadamente, y, muchas veces, sin agua. En Jerusalén no los esperaban con hoteles cómodos. Entonces, ¿qué los motivaba a viajar a Jerusalén? Jerusalén había sido el lugar escogido por Dios para morar con ellos y para que lo adoraran.

Así que los israelitas no se sentían cerca de Él en otra parte. Amaban a Dios y deseaban estar en el Templo, junto a otros que se congregaban allí para adorar a Dios. El **Salmo 121**, es inspirado en ese peregrinar desde afuera de Jerusalén camino hacia esta santa ciudad. Por allí existían montes o lugares altos, en donde a lo idolatras les gustaba poner sus altares. Por eso el salmista dice: "alzaré mis ojos a los montes", refiriéndose a los dioses que allí son colocados. Y luego se pregunta ¿De dónde vendrá mi socorro? En otras palabras, él pone en duda que su socorro venga de esos dioses. Y entonces contesta, *"mi socorro viene de Jehová que hizo los cielos y la tierra".* Es decir, lo idolatras adoran a dioses y lo colocan en lo alto de los montes, pero el Dios verdadero no puede ser colocado allí, porque, todo lo contrario, Jehová fue el que hizo todos esos montes y los cielos y toda la tierra.

Nuestro Dios es real, mientras que los dioses son falsos, sin ningún tipo de poder. Este es un salmo que inspira a confiar en el Dios verdadero, y abandonar cualquier fe que no sea puesta en El. Es por ello que, esta es la palabra de fe que confesamos, ¿ya hiciste tu confesión al Dios verdadero?

Si ya lo hiciste avanza y persevera en Él, porque: *"No dará tu pie al resbaladero, Ni se dormirá el que te guarda. He aquí, no se adormecerá ni dormirá el que guarda a Israel"*. **Salmos 121:3-4.**

Dios te bendiga poderosamente y espero tus comentarios en mis siguientes contactos:

Facebook. Alexis Taveras
WhatsApp: 626-230-0182
E-mail: ataveras@fuller.edu

Bibliografía y fuentes de consultas

www.diainternacionalde.com/ficha/dia- internacional-educacion

Libro "La Realidad Política de Jesús". Organización para la plantación de Iglesias. Naciones Unidas.

Sofía Isabel. Devocionales Clásicos. Carla Montero.

John Fitzgerald Kennedy JDK.

http://mural.uv.es/cruzague/losprotagonistasdemasada. htm

José Marin González. Less Thompson.

C. Melogno.

Vida en Comunidad.

El Reino de Dios y la Ética.

La Gaceta, 15 de junio del 2015. Salvador Dellutri

Pedro Rodríguez. Richard Foster.

Osías Segura. Donald A. Carson. Anónimo.

Aisha Stacey, Islamreligion.com Mahatma Gandhi.

Penna, Romano. Ambiente Histórico-Cultural de los Orígenes del Cristianismo. Pág. 173.

Safe place, Non profit organization.

http://sindrome.info/estocolmo/ (Plan lea, Listín Diario).

www.nuestroshijos.do/formacion/educando-en-   casa/historia-de-la-independencia-nacional-dominicana

www.youtube.com/watch?v=7bykU1Mqxjs

Roberto T. Hoeferkam, Lutero: La Teología de la Cruz.

www.inspiraction.org

Daniel Kapust Rav Daniel Baron.

http://etimologias.dechile.net/?excusa

Diccionario General De La Lengua Española Vox, ed. Núria Lucena Cayuela (Barcelona: VOX, 1997).

Justo L. Gonzalez, Teologia Liberadora (Buenos Aires: Kairos Ediciones, 2006). Pág. 210.

J.A. Motyer G.J. Wenham, D.A. Carson, R.T. France, Nuevo Comentario Biblico Siglo Xxi (2003).

Washington Padilla, Comentario Bíblico Hispanoamericano (Miami Florida: Editorial Caribe, 1989).

Silvia Regina de Lima. Una Respuesta desde la Teología. Vida y Pensamiento. Vol.28, No.1. 2008 (81-94).

Justo L. González. Historia del Pensamiento Cristiano. España. Editorial Clie, 2010 (753).

www.bibliojuridica.org/libros/libro.htm?l=466. (Acceso 11-04-12. 4:20 P.M).

www.unav.es/pensamientoclasico/Au%20Vitoria.html. (Acceso 11-04-12. 4:29 P.M).

www.unav.es/pensamientoclasico/Au%20Vitoria.html. (Acceso 11-04-12. 4:33 P.M).

Justo L. González

www.xatakaciencia.com/fisica/se-puede-convertir-energia-en-materia. (Acceso Febrero 16, 2012. 7:05P.M).

Manuel Rincón Álvarez, Reflexiones en Torno a una Boveda.

Costarelli Brandi, Hugo Emilio.

http://ffyl.uncu.edu.ar/ IMG/pdf/xpfBrandi_21_.pdf. (Acceso 02-04-12)

Palabras en base el curso de Hospitalidad de Osías Segura en Fuller Seminary.

Dr. Osias Segura, "Esas Otras Religiones", Fuller Seminary

Dr. Osias Segura, "Margen De Gracia", Fuller Seminary

http://portico.fuller.edu/tag.aa74ed2722d5b474.render.userLayoutRootN ode.uP?uP_root=root&uP_spa ram=ac t i v e Ta b&ac t i v e Ta b=u49l1s13&uP_ tparam=frm&frm=frame (Acceso el 30 de Agosto 2012)

Moisés Chávez, Diccionario De Hebreo Bíblico (El Paso TX. USA.: Editorial Mundo Hispano, 1997)

Del curso Introducción al A. T., con el Dr. Samuel Pagán en Fuller Seminary.

Wright N.T. El Verdadero Pensamiento de Pablo. Editorial Clie. 2002. Pág. 19.

Wright N.T. El Verdadero Pensamiento de Pablo. Editorial Clie. 2002. Pág. 24.

Anthony Balcomb.

Winfried Corduan, Guia a Las Religiones Del Mundo (Colombia: Publicaciones Andamio, 2008). 105.

Mari Font.

Norman Anderson, Las Religiones Del Mundo (El Paso, Texas: Editorial Mundo Hispano, 2012).

Adolphe Gesche, El Mal (Espana: 2010). Pág. 110. Ibid. Pág. 114.

Ibid. Pág. 142.

Ibid. Pág. 147.

Colin E. Gunton, Unida, Trinidad Y Pluralidad (España: Ediciones Sígueme, 2005). Pág. 27.

Jurguen Moltmann, "El Espíritu De La Vida: Experiencia Trinitaria Del Espíritu", Fuller.edu

http://ares.fuller.edu/ares/ares.tion=10&Form=60&SessionID=S0926288 20B&Value=824 (Accesado 10/11/12). Pág. 70.

Ibid. Pag.74

Brownmiller, Susan (2000). In Our Time: Memoir of a Revolution (en inglés). p. 281.

Cathlic.net."Evolución histórica del Celibato".

http://es.catholic.net/op/articulos/25813/cat/48/evolucion-historica-del-celibato-sacerdotal.html. (Accesado el 26/04/16. Corduan. Pág. 94).

Ibid. Pág. 96.

Ibid. Pag. 93.

George W. Braswell. Pág. 111. Ibid. Pág. 119.

Corduan. Pág. 96.

George W. Braswell. Pag. 107. Corduan. Pág. 95.

Anderson. Pág. 131.

George W. Braswell. Pág. 120. Ibid. Pág. 127.

https://gloria.tv/article/gvfxvq9xVZ3p2PevLMdDCSxDv

http://cnnespanol.cnn.com/2012/07/04/que-es-la-cienciologia-y-por-que-todos-estan-hablando-de-ella/

http://tonyortega.org/2014/08/31/sunday-funnies-oops-   scientology-reveals-a-key-fact-about-the-size-of-its- membership/

www.marxists.org/espanol/m-e /1850s/guerracamp/07.htm

Miguel Ángel Mansillas, "El pentecostalismo clásico y el neo pentecostalismo en América Latina",

www.scribd.com/doc/59251064/Pentecostalismo-y-neopentecostalismo (Accesado 12/02/18).

José S. Monzon"Historia, impacto y critica del neopentecostalismo"

www.monografias.com/trabajos96/historia-   impacto-y-critica-del-neopentecostalismo/historia-impacto-y-critica-del-neopentecostalismo.shtml, (Accesado el 13/02/18.)

Mario E. Fumero.

https://contralaapostasia.com/2013/04/03/la-economia-de-dios-analisis-de-la- economia-eclesial/ (Accesado Dic. 26, 2018).

https://definicion.de/resiliencia/ www.celeberrima.com

Sucliffe, Bob (1998) nacido en otra parte. Un ensayo sobre la migración internacional, el desarrollo y la equidad.

Rafael Porter, Estudios Bíblicos ELA: Fracaso En El Desierto (Números) (Puebla, Pue., México: Ediciones Las Américas, A. C., 1989), 35.

Emilio Durkheim uno de los padres de la sociología. https://youtube.com/watch?v=WXgpNqWCzTE   HANS-JüACHIM KRAUS.

Los Salmos, Salmos 60-150.

(Dietrich Bonhoeffer: Cristo, Señor de los no-religiosos). Fue Dietriech Bonhoeffer quien identificó al mundo como a un adulto, tal y como lo presenta Arnaud CORBIC, al hacer un estudio de sus últimas cartas escritas desde la cárcel.

Juan José Tamayo Acosta. Para Comprender la Crisis de Dios Hoy.PDF. Pág. 53.

www.scielo.org.mx/scielo.php?script=sci_arttext&pid=S0187-01732012000200006

LINK DEL EBOOK (DIGITAL):

https://docdro.id/0gG2zVz

www.ingramcontent.com/pod-product-compliance
Lightning Source LLC
Chambersburg PA
CBHW022120080426
42734CB00006B/197